대학에서 만난 철학

대학에서
만난
철학

오세찬 지음

질문하는 순간 일상이 철학이 되었다

이음과펼침

목차

3장   세상과 마주하다

4장   책임을 깨닫다

5장 철학으로 성장하다

프롤로그

책을 쓴다는 것은 늘 나와는 먼 일처럼 느껴졌다.

글 쓰는 사람은 세상을 깊이 경험하고, 수많은 시련을 이겨 내며, 무언가를 이룬 사람들이라고 생각했다. 그런 이야기를 들을 때마다, 그저 "대단하다"는 말밖에 떠오르지 않았다. 나는 아직 멀었고, 그분들은 나와는 전혀 다른 세상에 있는 사람들처럼 느껴졌다.

처음에 "책을 써 보지 않겠느냐"는 제안을 받았을 때, 순간 어안이 벙벙했다. 정말 내가 책을 써도 괜찮은 걸까? 내 인생이 책으로 남길 만큼 빛나고 충만한가? 그 질문이 내 머리를 맴돌았다.

지금까지의 나는 늘 무언가를 미루는 사람이었다. 대학에 와서도 과제를 뒤로 미루다 마감 직전에야 급히 완성해 제출하기 일쑤였다.

마음 한편으론 그런 내 모습을 바꾸고 싶다고 생각해 왔다. 그럼에도 책을 써 보자는 제안은, 여전히 너무 멀게만 느껴졌다. 은사님은 그런 나를 바라보며 웃으시며 말씀하셨다.

"사람이 이런 일에 우물쭈물해서는 안 돼. 20대 중반이라면 책 한 권쯤은 써야지!"

은사님의 말씀에 순간 정신이 번쩍 들었다. 내가 잘못 생각하고 있었구나!

사실 아직 부족해서 못 한다는 말은 핑계였고, 실패하지 않으려는 회피였다. 사실은 두려웠던 거다. 시작했는데, 못할까 봐. 다 보여 줬는데, 형편없단 말 들을까 봐.

문제는 능력이 아니라, 나의 마음가짐이 문제였다. 내가 부족한 것이 문제가 아니라, 그 부족함을 마주하려 하지 않았던 자세가 더 큰 문제였다는 걸 알게 되었다.

돌이켜 보면, 나는 아직 인생을 제대로 겪어본 것도 아니다. 여전히 세상 물정 모르고, 현실보다 이상에 가까운 걸 좋아왔고, 실패가 두려워 제대로 시도한 적도 없었다. 그런데도 무언가를 '할 자격' 같은 걸 스스로 정해 놓고, 그 한계를 넘지 못하는 나를 탓했다. 자격은 스스로 쟁취하는 것이지, 누가 주는 게 아닌데 말이다.

지금은 글쓰기가 그 변화의 출발점이라고 생각한다. 하루의 끝에서 스쳐 지나가는 생각들, 책을 읽다 문득 마음을 건드렸던 감정들, 학기가 끝나면 흔적도 없이 잊히는 공부의 조각들을 그냥 흘려보내지 않고, 글로 붙잡아 두고 싶다.

이 조각들이 쌓여 내 삶을 설명해 주는 기록이 되고, 지금의 나를 성장시켜 줄 것이라 믿는다.

　아직 많이 부족하지만, 그 부족함을 채워 가기 위해서라도 글을 써야겠다고 결심하게 되었다. 완벽해서 쓰는 것이 아니라, 쓰면서 완성되어 가는 것이라고 말이다.

　내 안의 생각을 천천히 들여다보고, 흩어지는 기억들을 붙잡아 잊지 않으며, 배운 것을 곱씹고, 내 것이 되도록 천천히 소화해 보려 한다.
　아직 멀었다는 생각은 여전하지만, '아직'이라는 말이 더 이상 나를 멈추게 하지는 않을 것이다. 이 글을 쓰는 동안 어제보다 조금 더 성숙해지고, 조금 더 나 자신을 이해하게 될 것이다. 그것이면 충분하다.

1장

나를 마주하다

계획의 중요성

대학 친구들과 함께 부산으로 여행을 간 적이 있었다.

방학 동안 부산에 내려가 있던 친구가 한 번 놀러 오라고 했고, 딱히 특별한 계획이 없던 우리는 그 말 한마디에 여행을 결정했다.

가까이 사는 친구를 먼저 만나 경주에서 하루를 보내고, 다음 날 부산으로 넘어가 나머지 친구들과 합류하기로 했다.

우리 모두는 '계획형 인간'과는 거리가 멀었다. 여행에서 무엇을 할지, 어디를 갈지, 어디에서 묵을지조차 정하지 않았다. 그저 "부산대역에서 만나자"는 한마디 말만으로 출발했다.

이렇게 떠나는 여행이 막연하지만, 어쩐지 재밌을 것 같았다. 젊음은 그런 막연함을 종종 설렘으로 착각하게 만든다.

계획 없이 떠난 여행의 시작은 자유롭고 좋았다.

경주는 교통이 불편하다는 말에 숙소 근처만 다니기로 했는데, 그 주변이 마침 한옥거리로 유명한 곳이었다.

오래된 돌담과 나무 대문이 이어진 골목을 따라 걷기만 해도 눈이 즐거웠고, 우연히 들어간 식당의 정갈한 음식은 충분히 맛있었다.

대학에서 만난 철학

첨성대를 보고, 시내를 산책하며 하루를 느긋하게 보냈다. 마치 시간의 속도가 느려진 것 같은 하루였다.

별다른 계획 없이 떠났지만, 모든 것이 자연스럽게 흘러가며 기대 이상으로 잘 맞아떨어졌다.

하지만 부산에서는 상황이 조금 달랐다.

한여름의 오후 두 시, 네 명의 남자가 부산대역 앞에 멀뚱히 서 있었다. 어디로 가야 할지, 무엇을 해야 할지 생각이 없었다. 서로 쳐다만 보다가 일단 친구 어머니의 모교인 부산대학교를 구경하러 갔다.

넓은 캠퍼스와 한낮의 무더위 속에서 우리는 그늘을 찾아다니다가 30분 만에 포기하고 길거리에서 토스트를 사 먹었다. 어설픈 자유는 피로로 바뀌었고, 이미 지쳐 버린 우리는 숙소로 향했다.

다행히 묵을 곳은 조용하고 깨끗했다. 시원한 에어컨 바람, 넓고 푹신한 침대가 우리를 맞이했다. 몸을 누이는 순간 번지는 안도감. 그렇게 우리는 순식간에 무기력한 여행자가 되어 버렸다.

할 일을 정하지 않았으니, 하고 싶은 일도 떠오르지 않았다. 침대에 누워 만나지 못했던 동안의 시시콜콜한 이야기를 나누고, 대책 없이 웃다가 어느새 저녁이 찾아왔다.

밖은 북적이고 더웠기에, 숙소 앞 바다가 보이는 자리에서 회를 시켜 먹기로 했다. 고요한 바다, 멀리서 들려오는 파도 소리, 그 위에 우리의 대화가 이어졌다. 그렇게 밤이 깊었고, 잠이 들었다.

다음 날 아침, 서울로 돌아가기 전까지 남은 시간은 고작 몇 시간뿐이었다. 짐을 챙기며 문득 아쉬움이 밀려왔다.

"우린 부산에 와서 뭘 한 걸까?"

농담처럼 웃으며 "이게 남자들의 여행이지"라고 말했지만, 속마음은 조금 허전했다. 해운대도 안 가 보고, 부산까지 와서 바다에 발 한번 못 담가 보고, 그 흔한 카페 한 군데도 들르지 않았다.

버스에 올라탄 뒤, 친구와 이런저런 아쉬움에 대해 이야기를 나눴다.

"그때 바다 들어가서 수영이라도 할걸."

"야, 해운대는 한 번쯤 가 봐야 하는 거 아니냐."

그제서야 조금씩 생각이 정리되기 시작했다.

여행은 늘 아쉬움을 남기기 마련이다. 하지만 아쉬움이 지나치면, 그건 후회가 된다. 우리는 자유로워지고 싶어서 계획을 세우지 않았지만, 그 자유는 결국 방향 없는 시간으로 흘러갔다.

만약 미리 가고 싶은 장소를 정하고, 일정을 함께 고민했다면 어땠을까. 그랬다면 하루가 좀 더 알찼을지도 모른다.

계획을 세우는 건 단순히 효율의 문제가 아니다. 삶을 스스로 선택하겠다는 '태도'의 문제다. '누군가가 해 주겠지', '언젠가는 기회가 오겠지'라는 마음으로는 어떤 일도 내 것이 되지 않는다.

계획 없는 여행은 때론 낭만적일 수 있지만, 아무 준비 없이 흘러가는 삶은 결국 우연에 나를 맡기게 된다. 그 우연은 대부분 후회를 남긴다.

그날 이후, 종종 이 여행을 떠올린다. 무엇을 계획한다는 것은, 내가 내 시간의 주인이 되겠다는 다짐이다. 여행뿐 아니라, 인생도 마찬가지일 것이다.

부산 여행이 남긴 교훈이 마음 깊이 남아 있다.

"계획을 세우는 사람만이, 진짜로 즐길 수 있다."

앞으로는 그 교훈을 기억하며 살고 싶다.

후회로 끝나는 시간이 아니라, 기록을 남기고 변화로 이어지는 성장의 시간이 되도록 할 것이다. 이렇게 조금씩 달라진 내가, 언젠가 더 나은 여행을 만들 수 있을 거라고 믿는다.

단기적 사고의 시대

　최근《휴먼 프런티어》라는 책을 읽었다. 제법 두꺼운 책이지만 내용은 무겁지 않아 시간이 날 때마다 조금씩 읽기에 적당했다.

　예전처럼 메모 없이 읽었고, 다 읽고 나서야 기억에 남는 게 거의 없다는 사실을 깨달았다. 그래서 책을 다시 처음부터 펼쳤고, 이번에는 마음에 닿는 문장을 기록하며 읽었다.

　신기하게도, 그렇게 한 줄씩 적어 가자 그 문장들이 선명하게 마음속에 남기 시작했다. 그중 한 생각은 책을 덮고 나서도 오래도록 머릿속을 떠나지 않았다.

　"우리는 더 이상 문명의 경계를 확장하지 않는다."

　이 책의 중심에는 '거대한 아이디어의 부재'라는 주제가 있다. 저자는 지금의 인류가 기술의 빠른 변화 속에서 허우적대고 있을 뿐, 더 멀리 나아가지 못하고 있다고 말한다.

　이 책은 단순한 비판에서 멈추지 않는다. 저자는 우리가 다시 문명의 경계를 넘을 수 있는 가능성을 제시하고, 그 단초를 '사고의 전환'에서 찾는다.

장기적인 안목과 새로운 질문, 그리고 생각의 깊이가 그 실마리가
된다는 것이다.

책의 초반에는 4차 산업혁명 시기에 등장한 두 학자의 예언서가 소
개된다. 그들은 2000년대에 인류가 이룰 과학적 성취를 예상했는데,
그중 일부는 실제로 실현되었다.

휴대전화, 인공지능, 자율주행 기술처럼 우리의 일상 속에 스며든
것들이 그렇다. 하지만 그들이 예측했던 암 정복이나 우주 식민화 같
은 미래는 아직 실현되지 않았다.

예측의 성공 확률을 90% 이상이라 자부한 학자들을 보며 처음엔 고
개를 갸웃했다. 하지만 그 예측들이 무책임한 주장만은 아니있을 것
이다. 평생을 연구에 바친 학자들이라면, 분명 그 확신에는 나름의 근
거와 시대적 기대가 있었을 테니까.

왜 우리는 그토록 확신에 찬 미래에 도달하지 못했을까. 저자는 그
이유를 사고의 단편화에서 찾는다. 인류는 더 이상 멀리 내다보지 않
는다. 대신 눈앞의 효율과 즉각적인 만족에 몰두하며 살아간다.

릴스나 쇼츠 같은 짧고 자극적인 콘텐츠에 익숙해진 우리는, 점점
길고 깊은 사유를 감당하지 못하게 되었다. 서둘러 소비하고 금세 흘
려보내는 방식에 길들여지면서, 사고는 얕아지고 질문은 가벼워졌다.

멀리 보지 못하는 시선과 오래 머물지 못하는 집중력 속에서, 우리

의 미래 역시 그렇게 조금씩 암울해지고 있는지도 모른다.

　그 이야기를 읽으며, 문득 나 자신을 떠올렸다. 그렇게 단기적인 생각에 갇혀 살아가는 것은 인류만이 아니라 바로 나 자신이기도 했다.
　미래를 위한 독서보다 눈앞의 즐거움을 더 자주 택했고, '학점만 잘 받으면 된다'는 안일한 생각에 스스로를 가두고 있었다. 깊이를 쌓을 수 있는 공부보다는, 잠깐의 즐거움을 주는 콘텐츠에 기대 하루를 보냈다.
　유튜브, 게임, 간식, 낮잠. 그것들은 한순간의 만족은 주었지만, 나를 성장시키지는 못했다. 의미 없이 흘려보낸 시간들이 쌓여 결국 지금의 나를 만들었다.
　그 나태함은 여전히 내 발목을 붙잡고 있었다. 해야 할 일을 미룬 채 기한 앞에서 느꼈던 답답함과 불안함이 다시 가슴을 조이기 시작했다. 그 감정은 익숙했지만, 이번에는 그냥 지나치고 싶지 않았다.
　평소 같았으면 그 불편한 감정을 외면했을 것이다. 다른 오락거리를 찾아 생각을 지우려 했을 테고, 그렇게 또 하루를 넘겼을 것이다.
　이번에는 달랐다. 이 답답함을 단순한 불쾌함이 아니라, 불편한 자각으로 받아들이게 되었다. 나를 변화시키지 않으면 안 되겠다는 위기감이 마음속에서 조용히 일었다. 그래서 글을 쓰기로 했다.

　나의 이런 다짐이 오래가지 않을 수도 있다는 것을 알고 있다. 자주 잊을 것이고, 다시 흔들릴 수도 있다. 하지만 그렇다고 시도조차 멈출 수는 없다.

생각은 붙잡아야 자라고, 질문은 써야 남는다.

우리는 너무 자주 나중에라는 말로 오늘을 밀어낸다. 단기적인 만족은 쉽고 달콤하지만, 결국 우리 안에 긴 공허를 남긴다.

생각을 붙잡는 힘이 약해질수록, 우리의 시간은 의미 없어지고 삶의 무게도 점점 가벼워진다. 가벼워진 삶은 방향을 잃기 쉽고, 결국 아무 데도 닿지 못한 채 흘러간다.

이제부터는 생각을 의식적으로 붙잡는 사람이 되고 싶다.

책을 읽을 때, 공부할 때, 일상을 살아가는 순간마다 스쳐 지나가는 사유들을 글로 남기려 한다. 그것이 내가 이 시대의 단기적 사고에서 벗어나, 더 깊고 밀도 있는 삶을 향해 내딛는 첫걸음이 될 것이다.

허황된 글을 쓰는 이유

　며칠이 지나 내가 쓴 글을 읽어 보면 민망하다. 문장은 길고, 같은 말이 반복된다. 하고 싶은 이야기는 분명 있었는데, 쓸데없는 말이 너무 많았다.

　처음의 감탄은 사라지고, 아쉬움과 부끄러움이 남는다. 글이 아니라, 스스로에게 속은 기분이다.

　말할 때도 비슷하다. 뭔가 잘 아는 척을 하고는 있지만, 사실은 깊이 알지 못하는 경우가 많다. 아무것도 모른다고 말하자니 괜히 초라해 보일까 봐, 어디선가 주워들은 이야기를 꺼낸다.

　말이 길어질수록, 점점 내가 대단한 사람인 것처럼 포장한다. 말이 끝난 뒤엔 늘 마음이 무거워진다.

　얼마 전, '내가 이루고 싶은 것'을 주제로 과제를 쓴 적이 있다.

　철학을 배우고 있으니 그와 연관된 무언가를 써야 할 것 같았지만, 솔직히 말해 철학을 통해 이루고 싶은 구체적인 목표는 딱히 없었다. 그래서 지금 목표로 삼고 있는 로스쿨에 대해 적었다.

　막상 글을 쓰다 보니, 어쩐지 스스로를 대단한 사람처럼 포장하고

　　　　　　　　　　　　　　　　대학에서 만난 철학

있다는 느낌이 들었다. 로스쿨을 향한 길을 오랫동안 고민해 온 사람처럼 보이려 애썼지만, 실제로는 그 목표조차 주변의 권유로 정한 것이었다.

꿈이라 부르기엔 아직 내 것이 아닌 것 같고, 확신이라 말하긴 조금 이른 듯했다.

글을 다 쓰고 나니, 내 이야기가 진심보다 훨씬 멋져 보였다. 일부 과장된 표현은 덜어냈지만, 여전히 결론은 내가 실제로 느끼는 마음보다 한참 앞서 있었다.

'법을 잘 몰라 피해를 보는 사람들을 위해, 법을 쉽게 설명해 주는 법조인이 되겠다'는 문장도 그랬다. 좋은 말이었지만, 그건 진심이라기보다 멋있게 들리기를 바란 문장이었다.

글을 쓰는 동안 여러 번 멈춰야 했다.

지금 내가 하고 있는 말이 진짜 내 생각인지, 아니면 그럴듯해 보이기 위한 말인지. 그걸 구별하는 일이 생각보다 쉽지 않았다.

왜 이렇게 허황된 글을 쓰는 걸까.

아마도 내 안이 텅 비어 있기 때문일 것이다. 글 속에 꼭 담아야 할 알맹이가 부족하니, 그 빈자리를 크고 장황한 말들로 채우려 애쓰는 것이다. 그래서인지 내 글은 때로는 겉으로 보기에는 번지르르하지만, 속을 들여다보면 허전함이 가득하다.

반대로 간결하게 쓰려고 애쓰면 오히려 빈틈이 너무 뚜렷해져서 어색해진다. 결국 솔직한 글이라기보다 자기비판만 가득한 글이 되고 만다.

그런데도 이상하게 그런 글쓰기가 나를 조금씩 변화시킨다. 스스로를 비난하며 마음 한편이 무거워지고 주눅 들기도 하지만, 그 과정을 지나면서 비로소 바꾸고 싶은 점들이 분명하게 모습을 드러낸다.

나는 평소에 생각을 오래 붙잡아 두지 못한다. 수많은 생각이 금세 흘러가고, 쉽게 잊힌다. 하지만 글을 쓸 때면 그 생각들이 마치 알림처럼 다시 내게 돌아와서, 한 번 더 곱씹고, 다시 마주하게 한다.

그런 순간들이 쌓이며 나를 조금씩 건강하게 만든다.

철학에 특별한 관심이 있었던 것도 아니었고, 깊게 생각하는 일을 즐기지도 않았다.

오히려 그런 생각들이 가져오는 불편함을 피해 다녔다. 하지만 그 불편함을 견디지 않았다면, 아마 나 자신에 대해서도 금세 잊고, 늘 익숙하고 안전한 자리로 돌아가 안주했을 것이다.

《휴먼 프런티어》에서도 비슷한 이야기를 읽은 적이 있다. 현재에 안주하는 태도가 인류의 도약을 가로막는다는 내용이었다.

그 문장을 읽으며, 내가 멈춰 있을 때마다 느꼈던 답답함이 떠올랐다. 변화하지 않는 사람은 결국 퇴보하는 것이 아닐까? 그런 생각이 들었다.

나 자신이 계속 성장하려면, 때로는 의도적으로 나를 불편한 상태에 놓아야 한다.

익숙한 일상과 적당한 성취, 그리고 작은 칭찬에 우쭐해지는 마음이

고개를 들 때가 있다. 그 순간의 생각을 붙잡고 나태함을 마주보기 위해, 다시 시작하려는 마음으로 글을 써야겠다고 다짐했다.

　앞으로 더 많은 철학자들의 생각을 공부할 것이다. 그들의 사유를 내 방식으로 이해하고, 내 삶에 적용하며 나 스스로를 흔들어야겠다.
　철학과에 온 것이 어쩌면 내게 잘 맞는 선택이었을지도 모른다는 생각이 든다. 철학은 나에게 단순히 지식 이상의 의미를 준다. 질문 하나가, 나를 무너뜨릴 수도 있고 다시 세울 수도 있다는 걸 알게 되었기 때문이다.

　지금 이렇게 나를 괴롭히고 흔드는 시간들이 언젠가 내게 큰 자산이 되어 돌아올 것이라고 믿고 싶다.
　비록 지금의 글이 허황되고 서툴러 보여도 괜찮다. 나의 글들이 나를 불편하게 만들고, 그 불편함 속에서 내가 나아가야 할 길을 조금씩 찾아간다면, 그것만으로도 성장하고 있는 것일 테니까.

현실과 직면하기

정말 토익 시험을 잘 보고 싶었다. 이번에는 반드시 좋은 점수를 받고 싶다는 의지도 분명했다. 하지만 의지만으로는 좋은 결과를 기대할 수 없었다.

매번 시험을 치를 때마다, 특히 리스닝 점수는 바닥을 벗어나지 못했다.

핑계를 대자면 얼마든지 댈 수 있었다. 내 스스로도 알고 있었다. 진짜 이유는 따로 있지 않았다. 준비가 부족했다. 그 이상, 이하도 아니었다.

방학 내내 영어 공부를 했다고 했지만, 실상은 달랐다. 매일 계획한 양을 빠짐없이 채운 적은 거의 없었고, 하루 종일 집중해서 공부한 날도 손에 꼽을 정도였다.

그저 공부했다는 말을 하기 위해 몇 장의 문제집을 넘긴 날들이 반복되었고, 그것이 전부였다. 결국 느슨하고 흐릿하게 준비한 만큼의 결과가 그대로 성적표에 반영되었다.

시험을 마치고 돌아오는 길, 스스로가 몹시 한심하게 느껴졌다. 준비했던 것보다 훨씬 부족한 점수를 마주하자, 부끄러움과 우울함이 동시에 밀려들었다.

그 감정조차도 어쩌면 진심이 아니었다. 후회하는 척, 자책하는 척하면서 내 자신을 위로하고 정당화하려는 일종의 기만이었다.

만약 정말로 온 힘을 다해 공부했다면, 결과가 아쉬워도, 점수가 부족해도 분명 마음 한편에는 뿌듯함이 남았을 것이다. 그런데 내게는 그런 자격조차 없었다.

영어 실력을 높이는 방법은 너무나 단순하고 명확하다. 그저 충분히 노출되고, 꾸준히 반복하는 것뿐이다. 특히 토익은 회화나 작문처럼 언어의 총체적 능력을 보는 시험은 아니다. 충분히 전략적으로 접근하면, 누구든 일정 수준까지 점수를 끌어올릴 수 있다.

실제로 내 주변에도 학원 한 번 다니지 않고 독학으로 900점을 넘긴 친구들이 있다. 그런데 나는 2년이 넘도록 같은 자리에서 맴돌고 있다. 그 차이를 만든 건 다른 무엇도 아닌, 공부량이다.

알고도 외면했다. 하루하루 조금씩이라도 하면 언젠가는 오르겠지, 오늘은 피곤하니까 내일 두 배로 하면 되겠지. 이런 식의 자기합리화로 시간을 흘려보냈다.

언젠가 한번은 운 좋게 점수가 잘 나왔던 적이 있었는데, 아마 그 기억이 나를 더 안일하게 만들었을지도 모른다.

그날의 시험이 유난히 어려웠다거나, 실력 좋은 사람들이 많았다는 말은 결국 핑계였다. 현실을 직면하겠다고 다짐해 놓고도, 막상 불편한 진실 앞에서는 회피하고 싶은 마음이 앞섰다. 그 태도 자체가 가장 큰 문제였다.

나는 항상 스스로에게 떳떳한 사람이 되고 싶다고 말해 왔다. 하지만 실제로는 감정에 휘둘리고, 도망치는 선택을 되풀이해 온 것이 사실이었다.

진짜 떳떳함은 후회에 빠지는 데서 오는 것이 아니라, 현실을 있는 그대로 마주하고 다시 시작하는 데서 비롯된다.

지금 나에게 필요한 것은 억지로 감정을 눌러 두는 무기력한 인내가 아니다. 오늘 하루를 정직하게 살아내려는 꾸준한 태도, 바로 그것이 필요하다.

감정은 순간이지만, 그 순간의 선택은 삶의 방향을 바꿀 만큼 무겁다.

그렇기에 이번 학기에는 더 이상 스스로를 속이지 않기로 했다. 후회를 남기지 않기 위해, 불편하더라도 움직이고, 흔들리더라도 계속 앞으로 나아가기로 결심했다.

어제의 실망을 진짜 전환점으로 만들려면, 말이 아닌 행동이 따라야 한다.

현실을 직면하는 일은 나를 부정하는 것이 아니라, 오히려 나를 되찾는 과정이다. 불편함을 회피하지 않고, 그것을 변화의 출발점으로 삼을 수 있을 때 비로소 진짜 변화가 시작된다.

나는 더 이상 외면하지 않을 것이다. 불편한 현실 속에서 끝까지 버티는 그 자세가, 결국 나를 더 나은 방향으로 이끌어 줄 것이라 믿는다.

게으름의 대가

정직하게 말하면, 나는 아직도 스스로의 장점을 뚜렷하게 떠올리기 어렵다. 하지만 단점 하나만큼은 분명하게 안다. 내 안에 깊이 자리한 오래된 습관, 바로 귀찮음이다.

이 습관은 아주 작은 일에서 시작되어 어느새 삶 전체에 영향을 끼친다. 시험이 가까워졌을 때 불안해지는 이유도, 해야 할 일을 미루다 후회하게 되는 순간도, 대부분 그 출발점은 '귀찮다'는 마음에서 비롯되었다.

그 마음은 일을 미루게 만들고, 미뤄진 일은 어느새 눈덩이처럼 커져 나를 짓누른다.

이제는 조금씩 그 연결고리를 알 것 같다. 불안은 미룸에서 오고, 미룸은 귀찮음에서 시작된다. 단순한 게으름이 아니라, 삶의 리듬을 어지럽히는 끈질긴 습관이라는 걸 점점 더 자주 실감한다.

2학년이 되면서 수강신청 방식이 마일리지 제도로 바뀌었고, 나는 그 방식이 귀찮게 느껴져 미뤘다.

수강신청 기간을 착각한 채 마일리지를 뒤늦게 배분했고, 그 결과

원하는 과목 하나 등록하지 못한 채 추가 신청을 기다려야 했다. 그날의 허탈함은 지금도 잊히지 않는다.

이런 경험을 통해 몇 가지를 배웠다. 공지는 미루지 않고 꼼꼼히 읽어야 하며, 해야 할 일은 생각나는 즉시 처리해야 한다. 사소해 보이는 행동 하나가 나중에는 큰 차이를 만들 수 있다는 사실도 깨달았다.

이후로 조금씩 나아지고 있다고 생각하지만, 여전히 미루는 습관에서 완전히 벗어나지는 못하고 있다.

설거지는 하루 이틀 미루다가 쌓이고, 책상 정리는 필요할 때만 잠깐 하고 마는 일이 반복된다. 공부도 항상 귀찮다는 이유로 미루다가 결국 벼락치기로 마무리하게 된다.

이런 습관을 그대로 두고 있는 이유조차도 결국은 귀찮기 때문이다. 이 버릇을 고쳐야 한다는 생각을 하면서도, 그 고치는 과정 자체가 귀찮아서 다시 미루게 된다. 그렇게 귀찮음은 내 삶에 깊이 박혀 버렸다.

대학생이 되면, 자연스럽게 더 부지런해질 줄 알았다. 하지만 장소나 상황이 바뀌어도 내 안의 태도는 쉽게 달라지지 않았다. 귀찮음은 어떤 변화 앞에서도 나를 붙잡고 놓아주지 않았다.

작은 일 하나 앞에서도 '귀찮다'는 생각이 들 때가 있다. 그럴 때마다 단순한 감정이 아니라 하나의 경고처럼 느껴진다. 지금 하지 않으면 나중에 반드시 후회하게 될 거라는 신호라고 생각한다.

그래서 마음속으로 다짐한다. 지금 바로 하자고, 지금 하지 않으면 훨씬 더 힘들어진다고 스스로에게 말해 본다.

물론 그런 다짐은 자주 무너진다. 상황이 다를 뿐, 본질은 언제나 같았다. 결국 또 같은 이유로 같은 실수를 반복하곤 했다.

귀찮음은 단순한 게으름이 아니라 내 성장을 막는 가장 단단한 벽이다. 그 순간의 미루는 선택이 결국엔 시간뿐만 아니라 기회와 가능성까지 놓치게 만든다.

내가 원하는 삶에서 멀어지는 건, 거창한 실패 때문이 아니라 이런 사소한 미룸에서 비롯된다.

지금부터는 작은 실천이라도 계속 이어 가려고 한다. 오늘 할 수 있는 일을 내일로 미루지 않겠다는 다짐을 삶의 원칙으로 삼아 보려고 한다. 생각은 복잡할지 몰라도, 행동은 의외로 단순하다는 걸 믿고 있다.

가장 어려운 일은 첫걸음을 떼는 일이며, 그 문턱만 넘으면 다음은 한결 수월해진다.

귀찮음이 쉽게 사라지지는 않겠지만, 그때마다 휘둘리지 않기로 마음먹는다. 오늘 하루를 제때 살아내려는 태도, 그것이 결국 내 삶을 바꾸는 힘이 되어 줄 것이라 믿는다.

언젠가 지금 이 마음이 습관이 되어, "더는 미루지 않는 사람이 되었다"고 자신 있게 말할 수 있기를 희망한다.

대학에서 만난 철학

자책에서 승화로

   나는 스스로를 자주 다그치는 편이다. 실수를 반복하거나 기대에 못 미쳤다고 느낄 때면, 가장 먼저 떠오르는 감정은 실망이다. 그런데 그 실망은 타인을 향하지 않는다. 늘 나 자신을 향한다.

   '왜 또 이랬을까.'

   '왜 똑같은 실수를 반복하는 걸까.'

   이런 생각이 들면 나도 모르게 마음이 조여 오고, 그 답답함은 곧 지책으로 이어진다.

   어린 시절에는 그 감정을 그대로 몸으로 표현했다. 잘못을 저질렀다고 느끼면, 다른 누구보다도 나 자신이 미웠고, 그 미움은 때때로 상처 주는 방식으로 나타났다.

   중·고등학교에 들어서며 감정의 표현 방식은 바뀌었다. 몸 대신 말이 날카로워졌다. 겉으로는 평범한 학생이었지만, 내면에서는 끊임없이 자신을 몰아붙였다. 타인에게는 쉽게 하지 못할 말들을, 나 자신에게는 서슴없이 퍼부었다.

이런 자기비판은 겉보기엔 반성처럼 보이지만, 되돌아보면 나 자신에 대한 실망이었다. 흥미로운 건, 그 자책이 오히려 이상한 위안을 주었다는 점이다.

타인을 탓하면 반박이 돌아오지만, 자신을 탓할 때는 그런 반응이 없다. 비난과 동시에 묘한 해방감이 따라온다. 잘못한 것에 대해 스스로 벌을 내렸다는 착각, 그로 인한 가짜 안도감이 잠시 마음을 진정시킨다.

어린아이가 혼날까 봐 먼저 "잘못했어요"라고 말하며 두려움을 덜어내듯, 나도 스스로를 먼저 꾸짖음으로써 누군가에게 비난받는 상황을 피하려 했는지도 모른다.

그러나 시간이 지나며 알게 됐다. 그 방식은 근본적인 해결책이 아니라는 것을 말이다.

그 순간의 감정을 덜어낼 수는 있지만, 실수를 반복하지 않게 해주진 않는다. 오히려 자책은 반복을 강화한다. 같은 실수를 하고, 또다시 자책하고, 그런 감정을 통해 후련함을 느끼며 안도한다.

자책은 점점 강도를 높여야만 효과가 있는 감정이다. 약하게는 답답함이 해소되지 않으니, 점점 더 가혹한 말로 나 자신을 몰아붙인다. 결국 그것은 성장의 에너지가 아니라, 정체의 원인이 된다.

사람은 누구나 실수를 한다. 그것이 무심코 한 말이든, 누군가에게 상처를 준 일이든, 혹은 자신과의 약속을 지키지 못한 일이든, 크고 작은 실수는 삶에 자연스럽게 따라붙는다.

중요한 건 그 실수를 어떻게 대하느냐이다. 나처럼 자책에 머물면, 감정은 해소되지만 행동은 바뀌지 않는다.

뇌는 불편한 감정을 없애려 하고, 자책은 그 해소의 가장 쉬운 방법이기 때문이다. 진짜 변화는 그 불편함을 온전히 견디고, 그것을 행동으로 옮길 때 시작된다.

인간이 성장하기 위해서는 이 감정의 무게를 감당할 수 있어야 한다. 회피나 자기비난이 아니라, 불편함을 정직하게 마주할 수 있는 힘. 그것이 있어야 비로소 다른 길이 보인다.

내 경우에는 다행히도 은사님이 계셨다. 감정에 치우쳐 자기합리화로 빠지려 할 때마다 단단하게 방향을 잡아 주셨다.

그림에도 사책은 여전히 쉽게 떠오르는 감정이다. 오랜 습관이기 때문에, 나도 모르게 다시 그 틀 안으로 돌아가곤 한다.

이제는 그 감정을 전과는 다른 방식으로 대하려 한다. 예전에는 잘못을 감추기 위해, 또는 후회를 덜기 위해 자책했지만, 이제는 그런 감정이 일어날 때 '왜 이런 감정이 생겼을까'를 먼저 생각한다.

그 감정이 가리키는 문제의 뿌리를 따라가다 보면, 내가 중요하게 여기는 가치, 기대했던 모습, 또는 진심으로 이루고 싶었던 목표가 보인다.

자책이 생겼다는 것은, 그만큼 나는 여전히 잘하고 싶고, 더 나아지고 싶은 사람이라는 뜻이다.

이 감정은 나의 부족함에서 비롯된 것이 아니라, 나의 가능성에서 비롯된 것이라고 믿고 싶다.

그 가능성을 낭비하지 않기 위해, 감정이 올라올 때마다 그것을 글로 기록하고, 말로 표현하고, 나 자신과 대화하려 한다.

'왜 이런 생각이 들었을까', '어떤 부분을 바꾸고 싶은 걸까'

스스로에게 질문을 던지며, 자책의 감정을 조금씩 성찰로 바꾸는 중이다.

가장 조심해야 할 것은 '알면서도 외면하는 태도'다. 처음에는 애써 모른 척 넘기려 하지만, 그렇게 몇 번을 외면하다 보면 정말로 모르게 된다. 감정도, 실수도 마찬가지다. 계속 외면하면 점점 무뎌지고, 결국 아무렇지 않게 된다.

진짜 변화는 불편함을 참고 붙들고 있을 때 찾아온다. 감정이 불편하다고 해서 곧장 해소하려 하지 않고, 그 감정을 가만히 들여다보고 머무는 힘이 필요하다.

이제 자책하는 방식으로 자신을 벌주는 사람이 되지 않으려 한다. 그보다는 책임을 지는 사람이고 싶다. 감정의 불편함을 덮는 대신, 그것을 에너지 삼아 행동을 바꾸고 사고를 확장해 나가려 한다. 그것이 내가 바라는 성장이다.

더 이상 스스로를 몰아붙이며 후회를 반복하지 않을 것이다. 나의 감정과 실수, 미숙함과 기대를 있는 그대로 바라보고, 그 안에서 무엇을 배울 수 있을지 생각하며 살 것이다.

자책은 지나간 실수에 매달리는 감정이라면, 성찰은 그 이후를 바꾸려는 태도다. 이제는 감정의 무게에 눌리지 않고, 그 무게만큼 더 단단해지는 내가 되고 싶다.

오만함에서 벗어나기

　나는 종종, 스스로 모든 것을 판단하고 결론 내릴 수 있다고 믿었다. 마치 그 판단이 곧 진실인 양 확신했고, 그 확신은 때로 오만함이 되었다. 내 문제에 대해서도, 타인과의 갈등에 대해서도 마찬가지였다.

　어떤 일이 생기면 곧장 내 경험을 바탕으로 원인을 짐작했고, 그 가정을 기준 삼아 문제 전체를 정리해 버렸다. 상황의 요인도, 상대의 감정도, 이미 내 안에서는 완성된 이야기처럼 구성돼 있었다.

　결론을 내려놓고는 마치 문제를 해결한 사람처럼 행동했다. 대부분의 사태는 더 복잡해졌다.

　이런 오만에는 분명 이유가 있었다.

　우선, 나는 문제의 원인을 다른 사람에게 물어보는 일을 불성실하다고 여겼다.

　예를 들어, 내가 자꾸 일을 미루는 이유를 '귀찮음' 때문이라 결론 내리고, 이미 안다고 믿었다. 그렇게 되면 남의 조언은 의미가 없어졌다. 조언을 구하는 건 책임을 전가하는 것처럼 느껴졌기 때문이다.

　하지만 지금 생각해 보면, 그것은 진짜 자각이 아니라, '이미 알고 있다'는 착각 속에 머물렀던 자기기만이었다.

또 하나는, 그 기만 자체가 주는 위안이었다. 문제를 분석하고 "이게 원인이야"라고 말하는 순간, 마치 그것을 이미 극복한 사람처럼 느껴졌다. 귀찮음이 문제라면, 그냥 귀찮아하지 않으면 된다고 믿었다.

정작 나는 아무것도 바꾸지 않았고, 같은 실수를 반복했다. 이해한 척만 했지, 진정한 이해와 개선의 의지가 없었다.

이런 태도는 인간관계에서도 드러났다. 감정적으로 충돌하는 일이 생기면, 나는 상대의 감정을 미리 해석해 버렸다. "이래서 저 사람이 화가 났겠지" 하고 단정 지은 채, 직접 묻는 일은 하지 않았다.

그러니 상대가 진짜로 하고 싶었던 말을 놓치기 일쑤였다. 대화는 빙빙 돌았고, 결국 나는 피하는 쪽을 택했다.

싸움을 피했던 건 내가 온화해서가 아니라, 다툼이 피곤하고 에너지를 너무 많이 소모하기 때문이었다. 상대를 다치게 하는 것도, 나 스스로 상처받는 것도 두려웠다.

이런 문제를 처음 자각했을 때, 나는 단정하지 않으려 애썼다. 그런데 이번엔 내 잘못조차 명확하게 보지 못하게 되었고, 제3자처럼 행동하게 됐다. 애매한 태도는 더 나은 선택이 되지 못했다.

지금은, 가능한 한 다양한 가능성을 열어 두려 한다. 내 잘못의 원인을 여러 각도에서 생각하고, 타인과의 갈등도 직접 대화를 통해 확인하려 한다.

여전히 내가 틀렸음을 인정하는 일은 어색하지만, 서로 간의 소통을 위해서 꼭 필요하다는 생각을 하게 된다.

변화의 속도는 느리지만, 방향만큼은 분명하다. 이제는 피드백만으론 충분하지 않다고 느낀다. 말로 반성하고 글로 다짐하는 것에서 그치지 않고, 실제 상황에서 그 깨달음을 적용하고 되돌아보는 연습이 필요하다.

요즘은 '이게 옳은가, 그른가'를 따지기보다, '지금 나는 어떻게 행동할 것인가'를 먼저 생각하려 한다. 단정적인 판단은 피하면서도, 회피하지 않고 행동으로 부딪치려 한다.

"이래서 그랬을지도 몰라"로 자신을 감싸는 대신, "이건 내 잘못이었다"라고 분명히 말하려 한다. 불편하더라도 괜찮다. 그 불편함을 통해서 나의 성장이 이루어짐을 믿기 때문이다.

더 깊이 생각하고, 더 멀리 보기 위해서는 익숙하지 않은 생각과 자주 마주해야 한다. 책은 그러한 기회를 꾸준하게 만들어 준다. 타인의 시선과 사고 방식을 따라가다 보면, 나의 관점도 조금씩 확장된다.

내가 아직 모르는 세계를 이해하고, 지금보다 나은 선택을 하기 위해서 오늘도 책을 펼친다.

자기 주도적 삶

자존감이 높은 것과 내 삶의 주인이 되는 것은 엄연히 다르다. 이전에 삶의 통제권과 관련한 사회 실험에 대해 접할 기회가 있었다. 그 실험의 내용은 다음과 같다.

먼저 요양원에서 하루하루를 무기력하게 보내고 있는 노인 분들에게 설문조사를 한다. 자신의 삶에 대한 만족도를 조사하는 설문이다.

대부분의 노인분들이 자신의 삶에 만족하지 않으며 삶이 매우 무기력하게 느껴진다고 답하였다. 설문조사가 끝난 뒤 요양원에 작은 변화를 주었다.

한 주간의 식단이나 직원들의 청소 시간, 간식 시간의 메뉴와 시행 시각 등 사소한 일상적 사항들을 요양원 어르신들이 직접 선택할 수 있도록 환경을 마련한 것이다.

이는 모두 사소한 것들이지만 요양원에 있는 노인 분들의 하루 일과와 직접적으로 연관된 것들이었다. 이런 변화를 주고 한 달 뒤 해당 요양원에 다시 설문조사를 한다.

이번에는 대부분의 노인분들이 삶에 만족하며 자신이 자기의 삶을 통제하고 있다고 답변했다.

이 실험 내용에서 중요한 부분은 사소한 것들에 대한 선택권이 주어졌을 뿐인데 대부분의 노인분들이 삶의 주도권을 회복한 것처럼 느꼈다는 점이다.

나는 사실 삶을 꾸려 나가는 느낌보다는 내 삶이 흘러가도록 놔두는 타입이다. 계획이라고 할 만한 것이 딱히 없고, 그저 오늘 어떤 일을 해야 한다면 그것을 기억해 뒀다가 할 뿐이지 능동적으로 하고 싶은 일이나 처리해야 할 일의 순서를 정해서 수행하지는 않는다.

내 삶의 많은 부분에 있어서 이런 양상을 띠고 있다 보니 이 실험 내용을 들었을 때 '나는 내 삶에 대해 얼마나 통제하고 있지?'라는 의문이 들었다.

내 식단조차 능동적으로 정하지 않고 그때그때 먹을 수 있는 것을 먹는다. 청소는 더럽다고 느껴질 때 하고, 씻는 건 특별한 기준 없이 그냥 매일 한다. 과제는 마감이 코앞에 다가와야 하고, 공부도 시험 때가 되어야 겨우 한다.

나는 자기 주도적인 삶을 살고 있지 않은 것 같다.

실제로 이렇게 삶에 자발성이 없으면 내가 인생을 꾸려 나간다는 느낌은 들지 않는다. 삶은 예상할 수 있는 것보다 예상하지 못한 것이 더 많아지게 된다.

이를테면 과제 제출 기한이 오늘까지라 급히 과제를 제출하려고 하는데 갑자기 사이트가 먹통이 되는 식이다. 미리 과제를 끝내고 제출했던 사람은 이를 겪지 않았을 것이다.

자신의 삶이 주도적이지 않다면 타인이나 상황에 많이 이끌려 다닌다. 해야 할 일을 하지 않고 있을 때는 오늘 무엇을 해야 하는지 잘 몰라 시간을 낭비하기 일쑤다.

게다가 삶에 주체적이지 못해, 날씨가 좋을 때 산책을 하거나 책을 읽고 싶다는 생각이 들어도 결국 침대에 누워 '아, 과제도 해야 하는데…'라든가 '오늘은 나가고 싶었는데, 누워 있다 보니 시간이 다 지나버렸네. 이제 나가도 너무 늦었겠지?' 같은 생각만 하며, 그렇게 좋은 날씨와 하루를 흘려보낸다.

자신의 삶에 주체가 없다는 것은 이런 것이다. 여기에는 문제가 하나 있다. 자신의 삶에 대한 통제권을 모조리 타인과 상황에 맡겨 버린 사람에게는 책임이 별로 느껴지지 않고 본인의 삶이 타인의 삶인 것처럼 느껴진다.

실제로 나는 중학교, 고등학교 시절에 주변에서 그렇게 공부 안 하고 누워 있기만 하면 나중에 후회한다고 조언해 주거나 이런저런 충고를 해 줄 때 마치 내 일이 아니라 남의 일인 것처럼 듣곤 했다. 말할 때도 내 인생이 아니라 남의 인생인 것처럼 "이렇게 살다가는 확실히 좋지 않을 것 같네요" 같은 태평한 말이나 하고 있었다.

이렇듯 자신의 삶을 통제하지 못하면 삶에 대한 책임감도 없어져서, 전혀 앞으로 나아가지 못하고 나날이 흘러가는 시간 속에서 표류할 뿐이다. 게다가 이렇게 살면 누워 있는 동안 아무리 재밌는 영상을 보고 있어도 계속 어딘가 허전하다.

이러면 안 된다는 것을 본능적으로 아는데도 그렇다고 당장 일어나서 하루를 계획하고 해야 할 일과 하고 싶은 일의 리스트를 만들기에는 의욕이 없다. 당장 다 귀찮은 것이다.

정리하자면 성실하지 않으면 내 삶의 주인이 아닌 증세가 무기력함과 허전함, 귀찮음으로 나타난다. 그리고 이는 단언컨대 인간의 삶을 좀먹는 나쁜 것들이다.

삶의 주체는 자기 자신이어야만 한다. 그렇지 않으면 살아 있는 삶이라고 할 수 없다. 그건 살아가는 게 아니라 다른 요인에 의해 생명이 이어질 뿐이다. 삶은 살게 되는 것이 아니라 내가 직접 인생을 살아가기 때문에 삶인 것이다.

어떻게 해야 삶의 통제권을 회복할 수 있을까. 귀찮다는 생각이 들고 무기력해질 때마다 스스로 선택하면 된다.

당장 일어나서 무엇을 할지 선택하고, 오늘 무엇을 먹어야 할지, 어디에 다녀올지 바로 선택한다. 다시 누워서 무기력하게 시간을 보낸다는 선택지는 없다.

그날 하루를 내가 해야 할 일과 하고 싶은 일로 꽉 채우고, 하고 싶거나 해야 하는 일은 당장 미루지 않고 하는 것이다. 자신의 생각에 무게를 실어야 한다.

'자기 삶의 통제권을 찾아야 한다고는 하지만 내가 뭐 대단한 사람인 것도 아니고. 귀찮은데 그냥 좀 더 누워 있는다고 뭐가 엄청 달라지는 것도 아니잖아?' 이런 생각이 들 수 있다.

이런 생각은 그 결과를 감당할 수 있는 생각이 아니다. 뒷일을 생각하지 않고 흘러나오는 대로 하는 생각이다. 그러니 이런 생각이 들 때 당장 일어나서 무언가를 결정해야 한다.

그렇게 했을 때 삶을 내가 가꾸어 간다고 말한다. 사실 나도 잘 못하는 것이기에 누군가에게 하라고 말하기보다는 내가 하고 싶은 방향에 대해 이야기하는 것이다.

사람마다 자기 삶을 통제하게 되는 방식과 과정은 다를 수 있다. 하지만 그렇다고 내 방식이 틀렸다고 말할 수는 없다.

내 삶을 좀먹는 귀찮음과 무기력함을 털어내고 내 삶에 대한 수도권을 다시 되찾아 더 빛나는 삶을 만들어 갈 것이다.

철학노트

#1 자아

철학의 시작은 하나의 질문에서 출발한다.

"나는 누구인가?"

이 물음은 인간이 자기 자신을 의식한 순간 생겨난 근원적인 질문이다. 자아를 탐색하는 일은 곧 존재를 이해하려는 시도이며, 그것은 모든 철학의 출발점이었다.

청춘은 이 질문이 시작되는 시기다. 세상 속에서 자신이 어떤 사람인지, 무엇을 원하는지, 어떤 길을 걸어야 하는지 스스로에게 묻는 시기이기 때문이다.

자아는 누군가에 의해 만들어지는 것이 아니다. 스스로 묻고 성찰하고 선택하면서 서서히 형성된다. "나는 누구인가"라는 질문에 대해 '정답'을 내릴 수는 없다. 다만 '나를 만들어 가는 과정'이 어떻게 이루어지는지에 대해 생각하고, 긍정적이고 성장하는 방향으로 스스로를 이끌어 갈 뿐이다.

소크라테스 - 너 자신을 알라

소크라테스는 인간이 지혜에 이르는 첫걸음이 자기 인식이라고 보았다. 소크라테스가 한 말이라고 알려진 "너 자신을 알라"는 고대 그리스의 델포이 신전에 새겨진 문구이다.

이 질문은 인간이 진리에 다가가는 출발점이었다. 소크라테스에게 자신을 안다는 것은 단순히 성격이나 취향을 아는 것이 아니었다. 그것은 자신의 한계를 인식하는 행위였다. 자신이 모른다는 것을 아는 사람만이 진정으로 배우고 성장할 수 있기 때문이다.

비슷한 이야기를 공자도 이야기했다. 내가 아는 것을 안다고 말하고, 모르는 것을 모른다고 하는 것이 진짜 아는 것이라는 가르침이다.

모르는 것을 찾아가는 과정이 인생에서 필요하다. 삶에 펼쳐져 있는 다양한 모름 속에서 가장 먼저 찾아야 할 것이 나 자신에 집중하는 태도다.

누구에게나 필요한 질문이다. 자기 자신을 이해하려는 노력 없이 세상의 기준에만 맞추려 할 때, 진짜 자신을 잃는다. 완성된 자아를 만들어 그것에 맞추어 가는 것이 아니라 질문과 성찰의 과정 속에서 끊임없이 변화하는 존재임을 깨닫고 어떻게 만들어 가는지에 달려 있는 문제이다.

데카르트 - 나는 생각한다, 고로 존재한다

데카르트는 인간 중심의 철학을 새롭게 세웠다. 그는 모든 것을 의심했지만, 그 의심을 하고 있는 '나'의 존재만은 부정할 수 없다고 했다. "나는 생각한다, 고로 존재한다(Cogito ergo sum)"라는 명제가 탄생한 이유다. 생각하는 '나'만이 존재한다.

데카르트에게 자아는 의심할 수 없는 기준점이자 출발점이었다. 사유하는 주체로서의 '나'는 모든 인식의 근거이자 존재의 증거였다.

현대를 사는 우리는 그만큼 확신에 차 있지 않다. 끊임없이 변하는 세상 속에서 생각은 많지만 확신은 적다. '나'라는 사람이 누구인지 제대로 모르기 때문이다. 오늘날의 자아는 '확실한 존재'라기보다 '끊임없이 흔들리며 스스로를 찾아가는 존재'로 명명된다.

데이비드 흄 - 자아는 고정된 실체가 아니다

데이비드 흄은 이러한 '확실한 자아'의 개념에 의문을 던졌다. 그는 "자아란 감각과 기억의 연속된 흐름일 뿐, 고정된 실체가 아니다"라고 말했다. 자아는 여러 경험이 이어진 하나의 흐름이며, 우리는 그 연속성을 '나'라고 부를 뿐이라는 것이다.

예를 들어, 어제의 나와 오늘의 나는 같은 이름을 공유하지만 서로 다른 존재다. 새로운 경험이 쌓이며 조금씩 달라진다. SNS 속에서 자신을 여러 모습으로 표현하는 우리들에게 이 말은 낯설지 않다. 온라인의 나, 친구들 사이의 나, 가족 속의 나는 모두 다른 얼굴을 하고 있다.

그 모든 '나'의 집합이 총체적 경험의 나라는 '자아'를 만들어 간다.

니체 - 너 자신이 되어라

니체는 자아를 '창조해야 하는 것'으로 보았다. 그는 기존의 도덕, 종교, 사회적 가치가 개인의 자아를 억압한다고 비판하며 "너 자신이 되어라"는 말을 남겼다. 단순한 자기긍정이 아니라, 자기극복이다.

즉, 타인의 기준이 아니라 스스로의 기준으로 살아가라는 것이다. 자유롭다는 것은 방종이 아니라 자기 자신을 창조할 책임을 지는 일이다.

부처님께서 말씀하신 '자등명법등명(自燈明法燈明)' 또한 비슷한 이야기다. 스스로를 등불로 삼아 밝아지고, 법을 등불로 삼아 밝아진다. 오직 본인만이 기준이 되어야 한다.

남이 만들어 준 성공의 틀을 따르지 않고, 자신만의 방식으로 삶을 새롭게 구성해 나가는 힘, 그것이 니체가 말한 '자기 자신이 되는 일'이다.

사르트르 - 우리가 한 선택이 곧 우리 자신이다

사르트르는 인간을 "자유를 선고받은 존재"라고 표현했다. 그는 인간이 어떤 본질도 가지고 태어나지 않으며, 스스로의 선택과 행위로 자신을 만들어 간다고 주장했다.

"실존은 본질에 앞선다"는 명제는 자아의 본질이 고정된 것이 아니라 우리가 살아가는 매 순간의 선택 속에서 형성된다는 뜻이다. 우리는 매일 수많은 선택을 하며 살아간다. 그 선택들이 쌓여 결국 우리가 누구인지를 말해 준다.

자아는 생각이나 신념이 아니라 행동의 총합이다. 사르트르가 "우리가 한 선택이 곧 우리 자신이다"라고 말한 것처럼 우리의 모든 삶의 경험들은 자신을 만들어 가는 '선택의 연속'이다.

자아란 완성된 실체가 아니라, 끊임없이 변화하고 만들어지는 과정이다. 어린 시절의 혼란은 실패가 아니라 자연스러운 성장의 증거다. 우리는 스스로를 만들어 가는 중이며, 그 과정에서의 흔들림은 가능성이 된다.

"나는 누구인가?"라는 질문은 결국 "나는 어떤 사람이 되어 가고 있는가?"라는 물음으로 바뀌어야 한다. 자아란 매일의 생각과 행동, 그리고 선택 속에서 '나'는 끊임없이 새롭게 태어난다. 청춘은 자아가 형성되는 끝없는 변화의 시기다.

2장

철학을 배우다

철학과의 첫 만남

고등학교 시절, 나는 줄곧 이과 학생이었다. 수학과 과학에 더 익숙했고, 공식과 원리 이해가 훨씬 편했다.

스스로를 문과적인 사람이라고 생각해 본 적은 없었다. 철학 같은 학문은 어딘가 거리가 먼 세계의 이야기처럼 느껴졌고, 나와는 평생 관계 맺을 일이 없을 줄 알았다.

그런데 두 번의 수능을 거치고 성적에 맞춰 대학과 학과를 결정해야 할 상황이 되었다. 그렇게 뜻하지 않게 철학과에 입학하게 되었다. 전혀 예상하지 못한 진로였고, 마음의 준비도 되어 있지 않았다.

입학 직후, '새로운 도전'에 대한 기대가 있었지만, 솔직히 말해 걱정이 훨씬 더 컸다.

'내가 철학을 공부할 수 있을까?'

철학과 관련된 수업을 한 번도 들어 본 적이 없었고, 유명한 철학자들의 이름 정도 겨우 아는 수준이었다.

어렴풋이 들어 본 플라톤이나 니체 외에는 낯설기만 했다. 그런데도 언제나처럼 '어떻게든 되겠지'라는 안일한 태도로 자신을 설득했다.

　　　　　　　　　　　　　　　　　대학에서 만난 철학

깊게 고민하는 일은 피하고 싶었다.

막상 수업을 듣고, 동기들과 어울리기 시작하면서 그 낙관은 금세 흔들렸다.

같은 학과 학생들은 철학에 대한 진지한 열정을 가지고 있었다. 수업 시간에 날카로운 질문을 던지고, 수업이 끝난 뒤에도 서로의 생각을 나눴다. 점심시간에 철학적 주제를 놓고 열띤 토론을 벌이기도 했다.

한 친구는 칸트의 《순수이성비판》을 읽는다고 했고, 또 다른 친구는 이미 여러 권의 원서를 읽었다고 했다. 아무 말도 할 수 없었다. 들은 것이 없으니, 생각도 깊지 않았고, 생각이 없으니 말도 떠오르지 않았다. 그들의 대화에 끼지 못한 채 조용히 자리를 지키는 일이 반복되었다.

비정기적으로 열리는 철학 토론 모임이 있다는 이야기를 들었을 때도 마찬가지였다.

'나 같은 사람이 거길 가서 무슨 말을 할 수 있을까.'

마음을 몇 번이나 다잡고 나가볼까 생각했지만, 결국 용기가 나지 않았다. 그렇게 스스로를 뒷전으로 밀어 놓은 채 1년이라는 시간이 흘렀다.

수업은 빠지지 않고 들었지만, 여전히 철학에 대해 자신 있게 말할 수 있는 것이 없었다. 좋아하는 철학자 한 명조차 말하기 어려웠고, 내가 철학과에 있어야 할 이유를 스스로 설명하지 못했다.

'이대로는 안 되겠다'는 생각은 분명 들었지만, 막상 철학책을 펼치려니 손이 가지 않았다. 책장을 넘길 용기조차 나지 않았다.

그렇게 하루이틀 미루는 사이 한 학기가 훌쩍 지나갔고, 2학기에는 성적이 눈에 띄게 떨어졌다. 스스로에게도, 부모님에게도 할 말이 없었다. 그제서야 정신이 들었다. '지금처럼 해서는 안 되겠다'는 자각이 늦게나마 찾아왔다.

2학년이 되고 내가 수강했던 과목은 "동양의 가치와 철학"이었다. 유교, 불교, 도교를 중심으로 동양철학의 큰 틀을 개괄하는 수업이었는데, 전반적으로 생소한 개념과 용어가 많아 어렵게 느껴졌다.

이 수업을 좀더 잘 이해하고 싶은 마음에 교수님께서 입문자에게 적당한 책이라고 추천해 주신 것이 떠올라 데미언 키온의 《불교》라는 책을 읽었다.

기대 반, 부담 반으로 책을 펼쳤다. 생각보다 낯설고 어려웠다. 익숙한 개념은 거의 없었고, 문장 하나하나를 곱씹어 읽어야만 겨우 이해할 수 있었다.

그래도 이 책은 내가 들었던 수업 내용과 가장 직접적으로 연결된 철학책이었다. 억지로라도 끝까지 읽어 보려 했다. 그중 특히 인상 깊었던 부분은 '사성제'에 관한 설명이었다.

사성제는 인간의 고통과 그것을 벗어나는 길에 대한 불교의 핵심 가르침이다. 고(苦), 집(集), 멸(滅), 도(道)라는 네 가지 성스러운 진리로 구성되어 있어 '사성제'라 불린다.

이 네 개념은 단순히 나열된 것이 아니라 서로 긴밀히 연결되어 있으며, 각각이 다음 단계로 나아가는 열쇠가 된다. 이 구조적인 연결성이 나에게는 특히 인상 깊게 다가왔다.

먼저 '고(苦)'는 고통 그 자체를 말한다.

불교에서는 인간이 고통을 겪는 이유를, 인간이 실체를 지닌 존재가 아니라 감각과 경험의 흐름으로 이루어진 존재이기 때문이라고 설명한다. 이런 존재에게는 끊임없는 결핍과 불만족이 따라다니고, 그것이 곧 고통으로 나타난다.

두 번째 진리인 '집(集)'은 그 고통의 원인을 말한다. 여기서 말하는 집은 단순한 욕망이나 목표가 아니라, 집착과 갈망 같은 더 깊고 어두운 감정들을 가리킨다.

내가 어떤 것을 가지지 못해 괴로운 것이 아니라, 그것을 가지려는 마음에 스스로를 묶어 두고 있다는 점이 새롭게 느껴졌다.

세 번째는 '멸(滅)'이다. 고통은 운명처럼 받아들여야 하는 것이 아니라, 원인을 제거함으로써 없앨 수 있다는 가르침이다.

집착이 사라질 때 마음은 평온을 되찾고, 그것이 곧 열반이라는 상태로 이어진다는 설명은 단순하지만 강한 울림을 주었다.

마지막 진리인 '도(道)'는 이 모든 흐름을 가능하게 하는 길을 제시한다. 어떻게 하면 고통에서 벗어날 수 있는가?

팔정도라는 여덟 가지 실천이 여기에 해당된다. 바른 견해, 바른 행위, 바른 말, 바른 노력처럼 삶의 방향을 바로 세우는 지침들이 담겨 있다. 이 도를 실천할 때 비로소 앞선 세 가지 진리가 현실로 이어진다.

반대로 고통의 원인을 이해하지 못하면, 올바른 길 역시 찾기 어려울 것이다.

이 네 가지 진리는 단순한 철학적 이론이 아니라, 삶의 태도를 되돌아보게 하는 질문으로 다가왔다.

정말로 나는 삶의 고통을 제대로 이해하고 있었던가? 어쩌면 늘 외부의 탓만 하며, 내 안의 집착을 돌아보지 않은 것은 아니었을까?

사성제를 읽으며 내 안에 쌓여 있던 갈망과 불안, 조급함의 실체를 조금씩 들여다볼 수 있었다.

나는 기본적으로 하고 싶은 것이 많다. 물건을 모으는 것도 좋아하고, 맛있는 음식을 먹는 것도 좋아한다.

악기를 연주해 보고 싶고, 그림을 잘 그리고 싶다는 욕심도 있다. 가끔은 이런 관심들이 현재에 집중하지 못하게 만들고, 도피처가 되는 건 아닐까 하는 생각이 들기도 하지만, 다양한 것들에 끌리는 건 내 본성인 것 같다.

문제는 그 욕망들이 나를 살찌우기보다 오히려 분산시킨다는 점이다. 욕심은 많지만 정작 지금 해야 할 일에는 집중하지 못하고, 이도 저도 아닌 상태에서 마음만 조급해진다.

해야 할 일을 끝내지 못한 채 시간을 흘려보내면 사람은 점점 자신에게 떳떳하지 못하게 된다. 그 감정이 쌓이면 가슴이 답답한 상태가 어느새 '익숙한 일상'이 된다.

최근엔 그런 내 모습이, 불교의 교리에서 말하는 고통과 닮아 있다는 생각이 들었다.

혹시 이미 고통에 익숙해진 채, 나 자신을 너무 놓아 버린 건 아닐까. 그렇게 삶을 돌아보며 불교의 가르침에 관심을 갖기 시작했다.

지금의 나에게 가장 필요한 건, 욕망을 억지로 포기하는 것이 아니라 불필요한 것들을 비워내는 일이라는 걸 조금씩 깨닫고 있다.

내가 쥐고 있던 욕망, 타인과의 비교, 막연한 기대 같은 것들을 내려놓아야 마음이 가벼워진다. 해야 할 일들이 선명해지고, 그 속에서 조용한 평온도 찾을 수 있다.

불교가 말하는 도(道)는 어쩌면 바로 그런 상태를 말하는 것일지도 모른다.

고통을 억지로 없애려 애쓰기보다, 그 고통이 어디서 비롯되었는지를 알아차려야 한다.

불교에 대해 이해하고 내 경험에 비추어 보니 앞으로 철학 공부를 어떻게 해야 할지 어렴풋이 알 것 같다.

여전히 철학에 대해 알아야 할 것은 많고, 내가 배운 것을 깊이 있게 이해했다고 말하기도 어렵다. 그럼에도 분명한 건, 그 방향이 내 생각과 감정을 조금씩 바꾸고 있다는 사실이다.

조급해하지 않고 한 단계씩 차근차근 배워 나가며 작은 즐거움을 누려 봐야겠다.

멈추지 않는 인생

　여전히 영어가 서툴다. 읽는 것도, 듣는 것도 부족하지만, 특히 영어로 말할 때는 어려움이 더욱 크다.

　말하고 싶은 내용을 떠올리는 데 시간이 오래 걸리고, 망설이는 사이 대화의 흐름은 이미 지나가 버린다. 결국 말할 기회를 놓치고, 입을 다문 채로 수업이 끝나는 일이 반복되었다.

　영어에 대한 부족함을 뼈저리게 느낀 건 대학에 입학한 뒤였다. 영어 회화 수업 시간, 다른 학생들이 자연스럽게 의견을 주고받는 모습을 보며 그저 조용히 앉아 있을 수밖에 없었다. 말할 타이밍을 잡지도 못했고, 설령 떠오르는 말이 있어도 자신이 없었다.

　또한 주변 친구들보다 뒤처지는 부분이 영어뿐만이 아님을 깨달았다. 독서량이나 기본적인 사고력, 심지어 노는 방식이나 경험에 이르기까지, 부족하다고 느끼는 점들이 너무 많았다. 그럴 때마다 나는 지금껏 학교 공부만 할 줄 알던 우물 안 개구리였다는 생각이 들었고, 그마저도 힘들다고 투덜대던 내 모습이 떠올라 스스로가 부끄러웠다.

　이대로 괜찮은 것일까 하는 생각이 머릿속을 맴돌았다. 그러나 막상 무언가를 당장 시작하려고 하면 뚜렷하게 떠오르는 것이 별로 없었다. 막연히 유학을 떠올려 본 적도 있었지만, 분명한 목표가 없는 상태에서 떠나는 것은 오히려 의미가 없다는 식으로 스스로 변명을 하며 현재 상태를 유지하고 있었다.

분명 토익 공부를 하고 있기는 하지만, 실력이 유의미하게 늘지 않았다. 그럼에도 불구하고 '안 하는 것보다는 낫다'는 생각으로 공부를 이어 가고 있다.

그러다 문득 이런 생각이 들었다. '나는 너무 수동적인 것은 아닐까?'

실제로 나는 여행 이야기가 나오면 계획이 세워질 때까지 기다리고, 직접 나서서 무언가를 주도적으로 해 본 적은 거의 없었다. 최근에야 이런저런 일을 혼자서 처리하면서 '내가 직접 해야 한다'는 생각이 조금씩 싹트고 있음을 느끼지만, 동시에 그동안 나는 정말 아무것도 해 오지 않았다는 자책이 함께 찾아왔다.

이런 고민을 어머니께 털어놓았을 때, 예상치 못한 대답이 돌아왔다.

"지금은 수동적인 것으로도 괜찮아."

그 말이 의외여서 나는 되물었다.

"지금처럼 경험도 부족하고, 자발성도 없는데, 그게 괜찮아요?"

어머니는 잠시 생각에 잠기더니 말씀하셨다.

"젊은 시절에 배운 것도 없이, 그저 독단적인 자발성만 있는 게 더 위험할 수도 있지 않을까? 아는 것이 부족할 때는 자발성이 없는 상태가 오히려 나을지도 모르지…"

그 말은 자발성이 중요하지 않다는 뜻이 아니었다. 오히려 지금 당장 자발적이지 않다고 해서 조급해할 필요는 없다는 뜻이었다. 자발성을 제대로 쓸 만큼의 배움이 아직 부족할 뿐이라는 것이다.

어머니는 말을 이었다.

"그냥 해. 토익이든 코딩이든, 철학 공부든. 꼭 하고 싶지 않아도, 누가 시켜서 하는 것처럼 수동적으로라도 계속 해 보렴. 수동적으로라도 꾸준히 하다 보면, 언젠가는 너 스스로 하고 싶어질 날이 올 거야."

그 말을 듣는 순간, 마음속에 켜켜이 쌓여 있던 불안이 서서히 풀려 나갔다. 나는 수동적이라는 이유 하나로 괜히 스스로를 자책하며 시간을 흘려보내고 있었던 것이다.

결국 중요한 것은 '자발적인가'가 아니라, '지금 무엇을 하고 있는가'였다. 꾸준히 무언가를 계속하고 있는 사람은 언젠가 반드시 변화할 수 있다. 반면 멈춰 있는 사람은 어디로도 나아갈 수 없다.

어쩌면 지금의 나는 아직 세상을 넓게 바라보지 못하는 시기를 지나고 있는지도 모른다. 그렇기에 더욱 묵묵히 해야 할 일들을 이어 가는 것이 중요하다. 시야가 열리기 전까지는, 발을 멈추지 않는 것으로도 충분하다.

어머니의 말처럼, 자발성이란 어느 날 갑자기 생겨나는 것이 아니다. 그것은 수동적이라도 무언가를 계속해 나가는 시간 속에서 조금씩 자라나는 것이다. 억지로라도 책을 펼치고, 하기 싫어도 계획을 세우고, 때로는 실패하면서도 다시 시도하는 것. 그런 반복이 쌓여 자발성을 만든다.

아직 미숙해도 괜찮다. 누군가의 권유로 시작한 공부라 해도, 마지못해 이어 가는 일이라 해도 괜찮다. 중요한 건 멈추지 않는 것이다.

니체에 대한 오해

철학과이지만 철학에 대해 아는 것이 많지 않다. 애초에 철학자들의 이름이나 사상에 관심을 가진 적도 거의 없었다. 하지만 그런 나조차도 이름과 명언 정도는 알고 있는 철학자가 있었으니, 바로 니체였다.

"신은 죽었다."라는 말로 유명한 그는 한때 내게 '지적으로 보이는 철학자'의 상징 같은 존재였다.

니체가 '신은 죽었다'고 말한 것은 단순한 반항이 아니었다. 그가 신을 죽었다고 표현한 것은 세간에 휩쓸리지 않고 자신의 힘으로 사고하고자 노력하며 회의적이고 비판적인 사고를 거듭한 결과였다.

19세기, 과학의 발전으로 천동설이나 천지창조와 같은 기독교적 세계관의 근거가 약화되고, 종교가 도덕적 신뢰를 잃어 가던 시대였다. 니체는 그 현실을 "신의 부재"라는 말로 표현했다. 인간이 더 이상 절대적인 권위에 의존할 수 없는 시대, 기존 가치가 무너진 허무주의의 시대가 도래했다는 것이다.

그는 이런 혼란 속에서 "스스로의 힘으로 사고하고, 새로운 가치를 창조하라"고 말했다. 《니체 인생수업》에서 기억에 남는 부분은 니체가 고독한 시간을 강조하며 스스로의 힘으로 사고하고 자기 극복을 통해 가치를 스스로 만들어 낼 것을 역설한 것이다. 말 그대로 지금의 사회에도 적용되는 말들이 아닌가.

돌아보면, 그 말을 제대로 이해하지 못한 채 내 편한 대로 해석했다. 막 성인이 되었을 무렵, '자신의 힘으로 사고해야 한다'는 말에 이상하게 도취되어 있었다. 정확히는 그 말을 타인을 깎아내리는 근거로 삼았던 것이다.

빈약하기 짝이 없는 사고였지만, 그때의 나는 스스로 굉장히 지성인인 줄 착각했다. 정작 니체를 깊이 이해하려는 노력은커녕, '자기 힘으로 사고한다'는 말이 정확히 무슨 뜻인지조차 모르면서, 어설프게 아는 척을 했다.

그 말 한마디로 나와 다른 생각을 하는 사람들을 비난했다. "요즘 사람들은 자기 생각 없이 유행만 좇는다." 그렇게 생각할 때마다 묘한 우월감이 들었다.

지금 생각하면, 그 사고방식조차 당시 유행하던 '지적 허세'의 일부였다는 걸 안다. 나도 유행에 휩쓸렸을 뿐이었다. 니체는 '자기 힘으로 사고하라'고 말했지만, 동시에 '인간은 타인을 무시할 권리가 없다'고 했다.

좋아한다고, 잘 안다고 생각한 철학자였는데, 정작 나는 그의 가장 중요한 가르침조차 외면하고 있었다. 그 사실을 깨달았을 때, 얼굴이 화끈거릴 만큼 부끄러웠다. 다행히 그런 생각을 공연히 떠벌리고 다니진 않았다는 게 그나마 위안이었다.

이제는 유행을 좇는 사람들을 무시하지 않는다. 오히려 유행을 따르는 것도 스스로의 선택일 수 있다고 생각한다. 《가장 젊은 날의 철학》이라는 책에서는 이런 말을 한다. "개성을 만드는 것조차 현실을 가리기 위한 수단일 수 있다." 결국 유행을 따르는 것이든, 개성을 만드는 것이든, 그것이 스스로의 결정이라면 이미 자기 힘으로 사고하고 있는 것이다.

무엇이 휩쓸림이고, 무엇이 진짜 의지인지를 단정할 수 있는 사람은 없다. 그저 생각했다고 해서 그것이 곧 진리인 양 행동해서는 안 되는 것이다.

책을 읽으면 읽을수록 부족한 자신이 드러나 부끄럽다. 《가장 젊은 날의 철학》도, 《니체 인생수업》도 아직 다 읽지 못했다. 그저 여러 철학서를 산책하듯 읽으며 아직 너무 얕고, 너무 쉽게 만족한다는 것을 깨닫는다. 그렇기에 글을 쓰고, 다시 읽고, 또 반성한다.

이제 니체를 좋아한다고 말하지 않는다. 대신 니체의 말이 내 안에서 조금씩 변해 가고 있다. '자신의 힘으로 사고하라'는 말은 더 이상 오만한 자기 확신이 아니라, 끊임없이 의심하고 배우려는 겸손의 태도로 다가온다.

철학은 타인을 판단하기 위한 무기가 아니라, 나 자신을 계속 흔들어 깨우는 도구다. 늘 내게 일어나라 외친다.

니체의 사유를 오해했던 시절의 나는 부끄럽지만, 그 부끄러움이 있었기에 지금의 내가 있다. 앞으로도 철학을 공부하면서 계속 부끄러

워질 것이다. 그러나 그 부끄러움이야말로 나를 성장시키는 과정임을
이해한다.

도교에서 배우는 몰입

　도교 철학을 공부하면서 어렵게 느낀 점은, 그 개념들이 명확하게 정의되지 않고 흐릿하게만 다가온다는 것이었다. 읽을수록 내용이 더욱 아리송하게 느껴졌고, 문장은 간단한 듯 보이지만 정작 의미는 손에 잡히지 않았다.

　특히 "인위적으로 행하는 일이 없을 때 만 가지 일을 행할 수 있다"는 구절이 오래도록 머릿속에 남았다. '무위이무불위(無爲而無不爲)'라는 말로 요약되는 이 표현은 처음엔 완전히 모순처럼 보였다. 아무것도 하지 않는데, 하지 못할 일이 없다니, 그 말이 어떻게 가능한지 이해되지 않았다.

　하지만 계속해서 그 뜻을 곱씹다 보니 점차 그 의미가 조금씩 마음에 스며들기 시작했다. 이 말은 '아무것도 하지 말라'는 뜻이 아니라, 어떤 목적을 향한 억지스러운 개입이나 조작 없이도 일은 자연스럽게 이루어질 수 있다는 뜻이라고 느껴졌다.

　오히려 '무엇인가를 해야 한다'는 의식 자체가 사라질 때, 진정으로 의미 있는 행위가 가능해진다고 이해하게 되었다.

　물이 흐르듯 방향을 정하지 않아도 저절로 흘러가도록 두는 것, 그 자연스러운 흐름에 자신을 맡기는 것이 도교가 말하는 무위의 상태라는 생각이 들었다.

 이러한 개념은 머리로는 잘 이해되지 않았다. 정의하고 설명하려 들수록 점점 멀어지는 느낌이 들었고, 읽을수록 명료해지기보다는 오히려 혼란이 더 깊어졌다. 그런데 이상하게도, 삶을 돌아보면 이 철학이 아주 낯설지만은 않았다. 언어로 설명하긴 어려워도, 경험으로 어렴풋이 느낀 순간들이 있었기 때문이다.

 도(道)의 개념도 그러했다. 도는 어떤 구체적인 사물이나 원칙이 아니라, 세상의 모든 것을 순환시키고 살아 움직이게 하는 근본적인 흐름이다. 도는 그 변화 자체이고, 그 흐름이 멈추지 않게 하는 힘이다. 도는 말로 설명되는 순간 이미 도가 아니게 된다. 그래서 도교에서는 '도를 말하는 순간 도가 아니다'라고 말한다.

 도는 머리로 이해하는 것이 아니라, 몸과 삶으로 체험해야 하는 것이기 때문이다.

 이처럼 모호하고 추상적인 개념을 마주하면서도 나는 한 가지 경험을 떠올릴 수 있었다. 그것은 바로 몰입의 순간이었다. 어떤 행위에 완전히 빠져들어 자신을 잊게 되는 감각은 도교에서 말하는 '오상아(吾喪我)'의 상태와 맞닿아 있다고 느꼈다.

 오(吾)는 나 자신, 상(喪)은 잃거나 잊는다는 뜻이며, 아(我)는 자각하는 자아를 의미한다. 즉, 자기 자신에 대한 의식을 잃고, 오직 행위 그 자체로만 존재하는 상태를 의미한다.

이 개념은 나에게 낯설지 않았다. 어린 시절, 나는 그런 몰입의 상태를 자주 경험했다. 초등학생 때 수학 문제를 풀다가 시간이 어떻게 흘렀는지도 모를 정도로 집중했던 순간들, 시끄러운 교실에서도 전혀 방해받지 않고 책 속 세계에 빠져 있었던 기억들이 있었다. 누군가가 옆에서 불러도 듣지 못하고, 눈앞의 문제에만 집중하며 세상과 단절된 듯한 몰입 속에서 시간을 보냈던 순간을 경험한 적이 있다.

운동을 할 때도 마찬가지였다. 농구를 하며 '공을 정확히 던져야 한다'는 생각에 빠져 있을 때보다, 공 자체에만 온전히 집중했을 때 오히려 슛은 더 자연스럽고 정확하게 들어갔다.

그때의 나는 '던지는 나'를 의식하지 않고 있었고, 그 무심함 속에서 오히려 내 몸은 가장 자연스럽게 반응하고 있었다. 그것이 바로 도교가 말하는 무위이며, 오상아의 상태였다.

그렇다면 이러한 몰입의 상태는 어떻게 도달할 수 있을까? 도교는 그 방법을 구체적으로 설명하지 않는다. 그 이유는 분명하다.

'나를 잊는 방법'을 알려 주는 순간 우리는 다시 그 방법을 의식하게 되기 때문이다. 어떤 방식을 의식하는 순간, 우리는 이미 무위에서 벗어나 있다.

이 점에서 나는 도교의 가르침이 참으로 역설적이라고 느꼈다. 몰입은 의식적으로 만들어 낼 수 없고, 억지로 하려고 할수록 더 멀어진다. 결국 몰입은 '해야지'라는 마음이 사라지고, 오직 행위 그 자체에만 남게 되었을 때 저절로 찾아오는 상태다.

공부를 할 때도 '얼마나 공부해야 할까', '이걸 하면 좋은 평가를 받을 수 있을까' 같은 생각이 개입되면, 우리는 더 이상 그 행위 안에 완전히 머물 수 없다.

오히려 '지금 이 문제를 풀어야 한다'는 단순하고 명료한 마음만 남을 때, 진짜 몰입이 찾아온다.

최근에는 몰입의 감각을 좀처럼 경험하지 못하고 있다. 머릿속에는 늘 해야 할 일과 결과에 대한 계산, 주변의 시선과 자기 검열이 떠다니고 있다.

하지만 가끔 떠오르는 장면이 있다. 초등학생 시절, 풀리지 않는 문제를 붙들고 한참을 고민하던 나의 모습이다. 아무런 두려움도, 계산도 없이 오직 그 문제와 마주하고 있었던 그 순간, 세상과 단절된 듯했지만 동시에 세상과 가장 깊이 연결되어 있었다.

나는 아직 도교를 온전히 이해하지 못한다. 그 개념은 여전히 어려우며, 설명하려 하려 할수록 잡히지 않는다. 하지만 삶 속에서 경험하고, 사유하며 얻은 감각만큼은 내 안에 남아 있다.

도교가 내게 가르쳐 준 소중한 깨달음은, 세상은 애써 움켜쥘수록 오히려 손가락 사이로 흘러 나간다는 사실이다.

억지로 쥐려 하지 않고 흘러가게 둘 때, 삶은 스스로의 질서 속에서 가장 자연스럽게 풀려나간다. 힘을 주기보다 힘을 빼고, 바꾸려 하기

보다 받아들이며, 무엇보다 '나'라는 존재에 대한 과도한 집착을 내려
놓을 때 진정한 평온이 찾아온다.

　말로 설명할 수 없는 그 깨달음, 그 감각을 삶의 중심에 조심스럽게
놓아 두고 싶다. 앞으로도 도교를 통해 조금 더 유연하고 자연스러운
삶의 태도를 배워 가고자 한다.

《삶을 위한 혁명》,
그 책이 불편했던 이유

1학년들는 '사회 참여'라는 이름의 필수 교양 강의를 수강했다. 단순한 봉사가 아닌, 사회적 약자를 이해하고 직접 행동으로 돕는 과정을 통해 배움을 확장해 보자는 취지의 수업이다.

그 강의 중에서 시각장애인을 위한 책 제작 프로젝트에 참여했다. 종이책을 점자책으로 옮기는 일로, 책의 내용을 워드 작업을 통해 파일로 바꾸면, 그것이 인천의 시각장애인 도서관으로 전달되어 점자책으로 바뀌는 방식이었다.

교수님께서는 여러 권의 책을 제시하셨고, 학생들은 각자 한 권씩 골라 그 작업을 맡았다. 내가 선택한 책은 에바 폰 레데커의 《삶을 위한 혁명》이었다.

제목부터 강한 인상을 주는 이 책은, 현대 자본주의에 대한 비판을 중심으로 구성된 사회 철학서였다.

책을 처음 읽었을 때, 솔직히 말하면 불쾌한 감정이 먼저 들었다. 이 책은 현실을 부정하는 사람의 이상론처럼 느껴졌다.

"왜 우리는 일을 해야만 돈을 버는가? 돈의 가치는 누가 정한 것인가? 이제 자연으로 돌아가자." 책 속 문장들이 마치 이런 구호를 진지하게 외치는 듯한 인상을 주었다.

자본주의의 해체를 주장하면서 정작 그 내용을 담은 책을 자본주의 시장에서 판매하고 있다는 점도 아이러니하게 느껴졌다. 그 책은 나에게 현실감 없는 공허한 주장으로 보였고, 그래서인지 책을 워드로 옮기는 작업이 마냥 의미 있게 다가오지 않았다.

오히려 내게는 무의미한 노동처럼 느껴졌고, 그 불편함은 수업이 끝날 때까지도 쉽게 가시지 않았다.

작업을 마친 뒤, 나는 그 책을 미련 없이 버렸다. '도움이 되지 않는 책'이라고 단정했고, 교수님이 왜 이 책을 선정하셨는지도 도무지 이해할 수 없었다.

그런데 어느 날, 친구들과 그 책에 대해 불평을 늘어놓던 중 문득 이런 생각이 스쳤다.

"자본주의를 왜 해체하면 안 되는 걸까? 나는 왜 그 책이 그렇게 불편했을까?"

그 순간, 머리를 한 대 얻어맞은 듯한 충격이 밀려왔다. 내 안에 있던 확신이 흔들리기 시작했고, 동시에 어떤 문장이 떠올랐다.

"인간은 자신이 태어난 시대를 지배하는 사상의 틀 안에서 사고한다."

그 문장을 곱씹으며 나는 그동안 내가 놓치고 있었던 지점을 비로소 바라볼 수 있게 되었다. 우리는 학교에서 사회주의가 실패한 이유에 대해 배우지만, 자본주의가 과연 진정으로 성공했는지에 대해서는 배우지 않는다.

경제학은 자본주의를 자원을 가장 효율적으로 배분하는 체계라고 설명하지만, 그것이 인간의 삶에 있어 가장 바람직한 체계인지는 따지지 않는다. 당연하게 여겨진다는 이유만으로, 우리는 자본주의 외의 대안을 상상하지 못한 채 살아간다.

나 역시 마찬가지였다. 태어날 때부터 자본주의의 구조 속에서 교육받고 성장해 왔기에, 그 시스템을 의심하지 않았다. 공부를 열심히 하고, 능력을 길러 좋은 직장을 얻고, 돈을 벌어 안정적인 삶을 사는 것.

그것이 삶의 구조로 너무도 자연스럽게 수어졌고, 그 길을 조금의 의심도 없이 따라가고 있었다.

어느 순간부터 공부의 목적이 지식을 얻는 기쁨이나 세상을 이해하고자 하는 열망이 아니라, 오직 생존과 성공이 되었다는 사실을 깨닫게 되었다. 그 목적이 당연하게 느껴졌던 이유는, 내가 이미 체제의 논리에 익숙해졌기 때문이었다.

물론 공부하고 능력을 기르는 것은 나쁜 일이 아니다. 하지만 그 모든 노력이 결국 돈으로 귀결될 때, 그것은 더 이상 자율적인 선택이 아니라 체제가 부여한 규범 속에서 움직이는 하나의 톱니바퀴일지도 모른다.

예전의 나는, 그런 체제에 의문을 던지는 사람들을 '게으르다'거나

'현실을 모른다'고 비난했다. 지금 돌이켜 보면, 그 비난은 오히려 내가 체제에 길들여져 있었다는 증거였다.

에바 폰 레데커처럼 자본주의를 넘어선 체계를 구체적으로 제시할 수 있을 만큼 공부하지는 않았다. 《삶을 위한 혁명》도 어떤 대안을 명확히 제시한다기보다, 현재의 체제를 향한 저항의 목소리를 담은 책에 가까웠다.

지금은 그 책을 다르게 바라본다. 완벽하진 않지만, 적어도 '너무도 당연하게 여겨진 구조에 균열을 내는 시도'를 했다. 그 불편함은 단순한 거부가 아니라, 나의 사고에 스스로 상처를 내는 일이었다. 그 상처가 바로 사유의 시작이었다.

이 책과의 만남은 단순히 자본주의에 대한 문제의식에 그치지 않았다. 나의 삶의 태도, 사고방식, 세상을 바라보는 관점 전체를 되돌아보게 했다.

살아온 환경 속에서 형성된 기준으로 타인을 판단하고, 나와 다른 의견을 지닌 사람들을 쉽게 틀렸다고 단정지었다.

그 책은 내 안에 숨겨진 그런 편협함을 끄집어냈고, 내가 믿는 옳음이 얼마나 허약한 기반 위에 세워져 있었는지를 보여 주었다.

사유는 언제나 불편함에서 시작된다. 익숙한 생각에 금이 가고, 그 균열을 모른 척하지 않을 때 변화는 가능해진다. 경쟁과 생존, 효율이 당연시되는 사회 속에서 "우리는 왜 이렇게 살아야 하는가?"라는 질문을 던질 수 있게 해 준 책이었다.

그 질문은 체제만을 향한 것이 아니었다. 궁극적으로는 내 자신을 향한 질문이었다.

지금 생각하면, 너무 성급했던 듯하다. 그 책을 버리지 말았어야 했다. 그 책이 처음 남긴 것은 불쾌함이었지만, 시간이 지나며 그것은 생각할 거리로 바뀌었고, 이제는 하나의 깨달음으로 남아 있다.

앞으로는 어떤 책을 읽더라도, 어떤 사상과 마주하더라도 즉시 판단하지 않으려 한다. 처음엔 낯설고 불편하게 느껴질 수 있어도, 그 불편함 속에 내 사고의 틀이 드러나고, 그 틀이 깨지는 과정을 통해 조금은 더 자유로워질 수 있음을 알기 때문이다.

사유란 결국, 내가 믿어온 세계를 둘러싼 기둥에 금을 내는 일이다. 그 깨진 틈 사이로 늘어오는 새로운 빛을, 이세는 조금 더 덤덤하게 맞이할 수 있을 것 같다.

구분 없는 마음이 주는 평온함

불교에 관심을 갖게 된 계기는 학교 철학 수업에서도 찾을 수 있지만, 본격적인 시작은 데니스 노블의 《오래된 질문》이었다.

처음에는 불교가 어렵고 형식적인, 수도자들의 학문처럼 느껴졌다. 큰 기대 없이 책을 펼쳤는데, 의외로 좋은 이야기들이 담겨 있었다. 책장을 넘길수록 마음이 편안해졌다.

저자 데니스 노블은 시스템 생물학의 개척자로, 유전자 중심의 결정론적 사고에 이의를 제기한 학자다.

불교를 접한 것은 인생의 굴곡 속에서였다. 괴로움을 풀 길 없어 방황하던 시기, 그는 마음의 방향을 잡기 위해 한국의 사찰을 찾는다. 그곳에서 불교의 사상과 자신의 연구를 연결 지으며 새로운 시선을 갖게 된다.

책에는 단순한 여행기나 개인적 고백만 담긴 것이 아니었다. 생명을 바라보는 시선, 연기(緣起)라는 사유 방식, 그리고 존재를 있는 그대로 받아들이는 마음가짐까지, 불교의 핵심이 생활 속 이야기들과 함께 녹아 있었다.

그중 내게 가장 깊이 남은 장면은 철학적 설명이 아니라, 뜻밖에도 아주 평범한 일화였다.

어느 날 스님은 절 앞마당에 자라난 작은 잡초를 보고도 그것을 뽑지 않았다. 오히려 그 잡초가 자랄 수 있도록 울타리를 치워 주었다고 한다. 그 장면을 읽으며 나는 웃음이 났다. 단순하면서도 인상 깊은 태도였다.

대부분은 예쁜 꽃이 잘 자라도록 잡초를 제거하지만, 스님은 그런 구분조차 두지 않았다. 어떤 꽃은 소중하고, 어떤 식물은 제거해도 된다는 인간의 기준 대신, 모든 생명이 그 자체로 의미 있다고 여겼다. 그 순간 불교의 연기 사상이 처음으로 실감 나게 다가왔다.

그 태도는 단순히 선하다는 말을 넘어서, 존재를 대하는 근본적인 자세로 다가왔다. 나와 다른 의견을 가진 사람을 손쉽게 판단하고, 내 기준에서 멀어지면 거리를 두려 했던 나의 모습이 떠올랐다.

나는 종종 '옳고 그름'이라는 잣대로 타인을 재단했고, 그 안에서 스스로를 정당화해 왔다. 반면, 스님은 그런 기준 자체를 내려놓고 모든 존재를 있는 그대로 받아들이고 있었다.

누군가를 미워하거나 이해하기 어렵게 느껴질 때도, 그 사람은 누군가에겐 소중하고 사랑스러운 존재일 것이다. 그렇게 생각하면 감정은 조금 누그러진다. 물론 그 마음을 언제나 유지하기란 쉽지 않다. 감정이 거세게 밀려오는 순간에는 여전히 흔들린다. 아무리 다짐해도 다시 제자리로 돌아오는 경우도 많다.

불교에서 말하는 수행이란, 흔들림을 완전히 없애는 것이 아니라, 흔들릴 때마다 다시 중심으로 돌아오려는 노력이라는 것을 이제는 조금 알 것 같다.

《오래된 질문》 속 스님처럼 나도 내 내면을 함부로 재단하지 않으려 한다. 미움이나 불안, 부족함 같은 감정들도 억지로 없애야 할 것이 아니라, 내가 품고 살아가야 할 나의 일부라는 생각이 들었다.

스님이 잡초를 뽑지 않았듯, 나도 나의 결점들을 쉽게 잘라내지 않으려 한다. 오히려 그것들을 관찰하고, 천천히 품는 연습을 해 보려 한다.

언젠가 나도 울타리를 걷어내고, 세상을 있는 그대로 바라볼 수 있는 사람이 되고 싶다.

구분 짓지 않고, 판단하기보다 이해하려는 마음으로 세상을 마주할 수 있다면, 지금보다 조금은 더 온화하고 너그러운 내가 되어 있을 것 같다.

나는 누구인가

얼마 전 영화관에서 〈미키 17〉을 봤다.

영화의 주인공 미키는 샌더미 같은 빚에서 벗어나기 위해 다른 행성으로 이주하는 첫 개척자 프로그램에 지원한다. 그의 임무는 미지의 행성을 탐험하며 온갖 위험한 일을 처리하는 것이다.

죽음은 그의 일상에 가까웠다. 행성 개척 책임자는 '죽음'을 대비하기 위해, 지구에서 금지된 인간 복제 기술을 이용한다. 미키가 죽으면, 그의 뇌 데이터를 저장한 컴퓨터로부터 새로운 신체가 만들어지고 그 데이터가 이식된다.

그렇게 미키는 죽을 때마다 '다음 미키'로 다시 태어난다.

어느 날, 미키가 죽지 않은 상태에서 또 다른 미키가 복제된다.

"지금까지는 죽으면 다시 태어난다고 느꼈는데, 이번엔 내가 죽으면 정말로 끝나 버릴 것 같다."

그 대사는 이상하리만큼 내 마음에 남았다.

이 장면은 예전에 철학 수업에서 읽었던 존 페리의 《개인의 동일성과 불멸성에 관한 대화》를 떠올리게 했다.

책 속에서 죽음을 앞둔 철학자 웨이롭은 친구 목사에게 "죽은 뒤에도 내가 존재할 수 있는지"를 묻는다. 밀러는 웨이롭의 기억과 동일한 정보를 지닌 존재가 미래에 다시 태어난다면 그것이 곧 웨이롭이라고 주장한다.

그러나 웨이롭은 이렇게 반문한다.

"그 존재는 내가 겪은 일을 직접 겪지 않았는데, 어떻게 그 기억이 '진짜 나의 기억'이라고 할 수 있는가?"

이 질문은 〈미키 17〉에도 그대로 적용된다.

미키는 죽고 나서 새로운 신체로 재구성되지만, 그 기억은 컴퓨터에 저장된 데이터에서 복원된다. USB에 파일을 복사하듯 기억이 옮겨지는 것이다.

그렇다면 기억이 이식된 새로운 미키는 정말 '이전의 미키'일까? 아니면 단지 기억을 복제받은 '다른 존재'일 뿐일까?

이 문제는 결국 "인간의 본체는 신체인가, 정신인가?"라는 고전적 질문으로 이어진다. 나는 인간이 그 어느 쪽도 아닌 '경험의 총체'라고 생각한다.

미키 17이 죽고 미키 18이 태어났을 때, 미키 18은 이전의 경험을 모두 이어받지만 그것은 자신이 직접 겪은 일이 아니다. 하지만 그 경험을 '나의 기억'이라고 믿는 순간, 그 믿음 자체가 곧 '나'가 된다. 인간의

대학에서 만난 철학

정체성은 '경험 그 자체'가 아니라 그 경험을 어떻게 인식하느냐에 달려 있는 것이다.

만약 미키 18이 잘못된 데이터를 받아 미키 1의 기억을 갖게 된다면, 그는 자신을 미키 1이라고 믿을 것이다. 미키 17은 미키 18을 '가짜'로 인식하겠지만, 미키 18 역시 미키 17을 '진짜가 아니다'라고 여길 것이다.

이렇게 '의식의 연속성'은 기술적으로 복제할 수 있어도, '존재의 동일성'은 복제될 수 없다. 두 개념은 절대로 같을 수 없다.

그렇다면 인간의 본체는 무엇일까?

신체도, 정신도 아닌, 시간 속에서 경험을 축적하는 존재라는 생각이 든다. 외부 세계의 자극을 받아들여 저장하고, 다시 떠올리며 스스로를 구성하는 과정이 반복되는 동안 '나'라는 존재가 만들어진다. 본능조차 결국 이런 경험의 누적에서 비롯된 것일지도 모른다. 뜨거운 것에 닿으면 손을 떼는 반응도, 수많은 세대를 거쳐 축적된 '기억의 결과'일 수 있다.

〈미키 17〉이 던진 질문은 단순한 공상과학의 상상력이 아니다. '나'라는 존재는 어디서부터 어디까지인가? 죽음 이후에도 나는 나로서 존재할 수 있는가?

이 물음에 종교도, 철학도, 과학도 명쾌한 답을 주지 못한다. 어쩌면 봉준호 감독 역시 답을 의도적으로 남기지 않았는지도 모른다. 영화는 존재의 연속성보다, 타자와의 공존, 즉 '함께 살아가는 것'의 의미로 마무리된다.

    나는 여전히 미키의 마지막 대사가 잊히지 않는다.
    "이번엔 죽으면 정말 끝날 것 같다."
    그 말은 어쩌면, 인간이 자신의 '유한성'을 자각하는 바로 그 순간에만 비로소 진짜로 '살아 있다'는 뜻일지도 모른다.
    죽음이 끝이기에, 지금 이 순간의 삶이 유일한 것이다. 그 유일한 순간의 연속이, 우리가 '나'라고 부르는 경험의 총체를 만든다.

인간에게 자유의지가 있을까

보에티우스의 저서 《철학의 위안》에서 자유의지에 대한 논의를 접했을 때, 문득 이충녕 작가의 에세이 《가장 젊은 날의 철학》에 등장했던 자유의지에 관한 내용이 떠올랐다.

자유의지는 인류가 오랜 세월 탐구해 온 주제다.

보에티우스 역시 신의 전지전능함과 인간의 자유의지가 어떻게 양립할 수 있는가를 설명하려 했다. 그는 신을 시간의 흐름 속에 있는 존재가 아니라, 시제의 제약에서 완전히 벗어난 존재로 상정했다.

신이 우리의 미래를 안다고 해도, 그것은 인간이 미리 예측하는 것과는 다르다. 신에게는 과거, 현재, 미래가 모두 '지금'처럼 보이기 때문에, 우리가 어떤 선택을 할지도 이미 '보이는 것'이다.

그 선택은 여전히 우리 스스로 내리는 선택이다. 신이 그 결과를 안다고 해서, 우리가 자유롭게 선택하지 않았다는 뜻은 아니라는 것이다.

반면 기계적 결정론은 다른 입장을 취한다. 이 관점은, 우주의 모든 일이 물리 법칙에 따라 정해진다는 생각이다.

마치 도미노처럼, 한 가지 원인이 다음 결과를 만들어 낸다. 이 논리에 따르면, 인간의 생각과 행동도 단지 뇌와 몸의 물리적인 작용일 뿐이며, 자유로운 선택은 착각일 수 있다.

생물학자 리처드 도킨스는 《이기적 유전자》에서 인간을 유전자의 복제를 돕는 존재라고 설명한다. 동시에, 인간은 유전자의 명령에서 벗어날 수 있는 유일한 존재라고도 말한다.

이처럼 과학적 결정론을 인정하면서도, 인간의 의지를 완전히 부정하지는 않았다. 자유의지에 대한 논의가 얼마나 복잡하고 다양한지를 보여 주는 예시다.

그렇다면 이충녕 작가는 어떻게 생각했을까? 그는 "어떻게 바라보느냐에 따라 자유의지가 있을 수도, 없을 수도 있다"고 말한다. 얼핏 들으면 모호하게 느껴지지만, 이는 단순한 회피가 아니다.

그는 시대마다 '자유'라는 단어가 달리 쓰여 왔고, 과학과 일상의 언어가 서로 다른 방식으로 '의지'라는 개념을 이해한다고 설명한다.

즉, 자유의지는 절대적인 진리가 아니라, 우리가 어떤 관점에 서 있느냐에 따라 달라지는 개념이라는 것이다.

그는 결정론에는 완전히 동의하지 않지만, 자유의지가 무조건 있다고 단정하지도 않는다. 대신, 다양한 관점을 열어 두고 생각해야 한다고 말한다.

처음에는 이 태도가 애매하게 느껴졌다. 자유의지는 있거나 없거나,

둘 중 하나여야 하는 것이 아닌가? 하지만 불교의 예시를 읽으며 생각이 바뀌었다.

불교에서는 인간을 고정된 자아가 있는 존재로 보지 않는다. '5온 12처 18계'라는 개념에 따라, 인간은 단지 오감으로 인식된 경험의 집합체일 뿐이다. 자아란 독립된 실체가 아니라, 매순간 흘러가고 변화하는 현상이다.

그렇다면 '자유의지'는 어디에 존재할까? 자아가 실체가 아니라면, 자유로운 '나' 역시 존재하지 않는다. 불교는 오히려 이러한 무아(無我)의 상태, 즉 자아의 집착이 사라진 상태를 가장 자유로운 경지로 본다.

어떤 것에도 매이지 않는 순수한 의식, 그것이 진정한 자유라는 것이다. 이때의 자유는 우리가 흔히 말하는 '자유의지'와 같은 의미일까? 기계적 결정론의 관점에서는 이러한 무아의 상태조차 물리적 인과의 한 부분일 뿐이다.

두 입장 모두 인간을 하나의 거대한 질서 속 일부로 본다는 점에서는, 묘하게 닮아 있기도 하다. 이런 생각을 하다 보면, 자유의지는 정말로 '있다' 혹은 '없다'로 나눌 수 없는 문제라는 사실을 다시 실감하게 된다.

《철학의 위안》을 읽고 인간에게 자유의지가 있다고 생각했다. 보에티우스의 설명이 논리적으로 설득력 있어 보였기 때문이다. 하지만 이충녕 작가의 글과 불교의 관점을 접한 뒤, 어떤 주장이 더 옳은지 판단하기가 훨씬 어려워졌다.

나는 자유의지가 있다고 믿고 싶다. 논리적 이유보다는 감정에 가까운 믿음이다. 만약 내가 지금까지 해온 모든 선택이 이미 정해진 것이라면, 그건 너무 허무하게 느껴질 것이다. 열심히 공부하고 도전했던 이유가 단지 프로그램처럼 작동한 결과라면, 그 노력에 어떤 의미가 있을까?

그래도 믿고 싶다. 자유의지가 실제로는 존재하지 않더라도, 나는 자유롭게 선택한다고 믿으며 살아가야 한다. 그 믿음이 나를 움직이게 하고, 더 나은 선택을 하게 만든다.

설령 내 의지마저 정해진 흐름 안에 있다 하더라도, 나는 그 안에서라도 더 좋은 방향으로 움직이려 노력할 수 있다.

나는 내 삶을 바꾸고 싶었고, 그래서 재도전하여 원하는 학교에 왔다. 그 선택이 진정한 자유의지의 결과인지, 아니면 인과의 일부인지는 알 수 없다.

하지만 중요한 건, 그 순간 내가 주체적으로 선택했다고 믿었다는 사실이다. 결국 자유의지는 '있다 vs 없다'의 문제가 아니라, 내가 얼마나 스스로를 주체적인 존재로 살아가고자 하느냐의 문제일지도 모른다.

내가 내 삶을 바꾸겠다는 의지가 나를 인간답게 만드는 유일한 자유일 것이다.

철학노트

#2 불안

불안은 인간이라면 피할 수 없는 감정이다. 하지만 누군가는 불안에 휩싸여 두려움이 되고, 누군가는 불안을 딛고 일어선다. 불안을 어떻게 다루는가에 따라 삶은 전혀 다른 방향으로 이어진다.

청춘의 시기란 그 어느 때보다 불안이 짙게 깔린 시기다. 방황, 흔들림, 혼돈과 끝없이 마주한다. 앞날은 불확실하고, 방향은 모호하며, 자신에 대한 믿음은 자주 흔들린다.

철학자들은 불안은 결코 나쁜 것이 아니라고 말한다. 오히려 불안은 인간이 자유롭기 때문에 생겨나는 감정이며, 삶을 진지하게 살아가려는 사람만이 느낄 수 있는 징표라고 말한다.

불교 - 지금을 받아들여라

불교는 불안의 근원을 '집착'에서 찾았다. 변화하는 세상에서 변하지 않으려는 욕망이 불안을 만든다는 것이다. 모든 것은 변하고, 그 변화를 인정할 때 평온이 온다.

《금강경》에는 이런 구절이 있다. "과거심도 얻을 수 없고, 미래심도 얻을 수 없으며, 현재심도 얻을 수 없다." 불안은 시간에 대한 집착이다. 과거에 머물거나 미래를 걱정할 때, 현재는 사라진다. 불안에서 벗어나는 길은 지금에 머무는 일이다.

'현재'의 가치가 가장 높다. 모든 것은 변하며, 아무것도 영원하지 않다는 무상(無常)의 진리를 받아들이는 것이 지혜. 과거는 이미 지나갔고, 미래는 아직 오지 않았다. 우리가 붙잡을 수 있는 것은 오직 지금 이 순간뿐이다.

후회란 이미 지나간 시간을 붙잡으려는 마음에서 비롯된다. 반대로, 미래의 불안은 오지 않은 일을 미리 걱정하는 마음에서 생긴다. 이런 마음의 흐름을 멈추고, '지금'의 자리로 돌아와야 한다.

파스칼 - 비참하다는 사실을 안다는 것은 위대한 일이다

파스칼은 인간의 위대함을 "생각할 수 있음"에서 찾았다. 그는 인간을 '생각하는 갈대'라 불렀다. 생각하기에 존엄하다.

생각을 하는 사람에게 불안은 피할 수 없는 과정이다. 파스칼은 "비참하다는 사실을 안다는 것은 위대한 일이다."라고 말했다. 즉, 비참함 속에 있는 불안을 깨달았을 때 위대해질 수 있다. 그것을 견뎌 낸 사람만이 위대해지기 때문이다.

불안과 고독은 자연스러운 일이다. 불안과 고독이라는 비참함 속에서 어떻게 다음을 향해 나아갈지를 생각하는 과정에서 성장이 이루어진다.

알베르 카뮈 - 부조리와 불안의 용기

카뮈는 인간의 불안을 '부조리'에서 찾았다. 인간은 삶의 의미를 찾지만, 세상은 그에 대한 답을 명확하게 내려 주지 않는다. 그 괴리 속에서 생겨나는 감정이 바로 불안이다.

"부조리를 인식한 인간은 도망치지 않는다. 그는 반항하며 살아간다."

카뮈에게 불안은 절망이 아니라 저항의 시작이다. 삶이 무의미하다고 느낄수록, 우리는 스스로 의미를 만들어야 한다. 그 반항의 의지가 있을 때 살아갈 수 있다.

세네카 - 평정심의 철학

세네카는 불안을 다스리는 법을 '평정심(아타락시아)'에서 찾았다. 세상은 우리의 뜻대로 흘러가지 않지만, 우리가 세상을 대하는 태도는 언제나 선택할 수 있다.

《마음의 평정에 관하여》에서는 이런 내용이 나온다. "우리의 영혼은 끊임없이 흔들리고 불안해한다. 현명한 사람은 그 불안의 근원을 스스로 다스린다."

세네카에게 불안은 고통이 아니라 훈련이었다. 불안의 근원을 다스리기 위해서는 어떤 외부의 운명에도 동요하지 않는다. 주어진 것을 받아들일 뿐이다.

니체는 말했다. "운명을 사랑하라(Amor fati)." 운명은 피할 수 없다. 피할 수 없는 것을 사랑할 때, 불안은 사라진다.

야스퍼스 - 한계 상황 속의 깨달음

야스퍼스는 인간의 불안을 '한계상황' 속에서 해석했다. 죽음, 죄, 실패 같은 벗어날 수 없는 현실 앞에서 인간은 절망하지만, 바로 그 순간에 스스로를 자각한다.

그는 말했다. "한계는 인간을 깨운다." 불안은 인간을 무너뜨리는 감정이 아니라, 자신이 살아있음을 알리는 과정이다. 도망치지 않고 그 상황을 견디는 자만이 삶의 진리를 찾을 수 있다. 한계는 인간을 깨운다.

에픽테토스 - 통제할 수 없음을 놓아 버려라

에픽테토스는 불안을 다스리는 방법을 '통제의 구분'에서 찾았다.

그는 말했다. "우리에게 달려 있는 것과 달려 있지 않은 것을 구분하라." 외부의 사건은 우리가 통제할 수 없다. 그러나 그 사건을 어떻게 받아들이느냐는 우리에게 달려 있다.

불안은 대개 '통제할 수 없는 것을 통제하려는 마음'에서 온다. 세상은 내 뜻대로 흘러가지 않지만 판단과 반응은 내 손에 있다.

현실을 바꾸지 못하더라도, 그 현실을 대하는 태도를 바꿀 수 있다면 이미 자유로운 사람이다. 불안은 외부에서 오지 않는다. 그것은 언제나 내 안에서, 내 해석에 의해 변한다.

불안은 인간이 자유롭기 때문에 생기는 감정이며, 그 자유를 어떻게 사용할지 묻는 철학적 신호다. 불안을 끌어안는 순간 자신을 확장한다.

젊음의 불안은 특히 더 깊다. 아직 무엇이 될지 모르기 때문이다. 불안을 없애려 하지 말고, 그 불안을 이해해서 딛고 일어서자. 불안은 도망쳐야 할 감정이 아니라, 나를 성장시키는 신호다.

불안은 인간의 스승이다. 우리는 그 스승에게 배워야 한다. 실패는 두려운 일이 아니다. 의미 없이 사는 것이 두려운 일이다.

"실패해도 될까?"라는 물음의 진짜 답은 이렇게 바꿀 수 있다. "실패해도 된다. 다만 의미 없이 살지는 말라." 불안은 그 의미를 찾으라는 내면의 목소리다. 그 목소리에 귀 기울일 때, 불안은 더 이상 나를 고통스럽게 만들지 않는다.

실패가 나를 무너뜨리지 않는 이유는, 그 속에 배우고 다시 일어설 힘이 있기 때문이다. 불안 속에서 인간은 비로소 인간다워진다. 철학은 그 불안을 받아들이는 용기를 가르친다.

3장

세상과 마주하다

착함의 본질

　주변 사람들에게 "사람이 둥글고 착하다"라는 말을 자주 듣는다. 그 말을 들을 때마다 마음 한편이 편치 않다. 내가 정말 착해서 그런 평가를 받는 걸까? 아니면, 사람들 앞에서 그렇게 보이도록 조심하며 행동했기 때문일까?

　나 스스로도 그 경계가 분명하지 않아, 늘 마음속에서 되묻게 된다.

　사람이라면 누구나 겉으로 드러내지 않는 모습이 있다. 그것이 누군가에겐 못된 성격처럼 보일 수도 있고, 어떤 이에게는 그저 인간적인 면모일 수도 있다.

　남의 평가보다 더 어려운 건, 그 모습을 나 스스로 받아들이는 일이다. 겉으로는 조용하고 다정한 사람처럼 보일지 몰라도, 마음속에는 말하지 못한 여러 감정들이 얽혀 있다.

　이를테면, 나는 의외로 화가 많다.

　누군가와 다투는 상황이 싫어서, 대부분의 감정을 속으로 눌러 담는다. 사람들에게 다정한 듯 굴지만, 실은 상대의 말에 집중하지 못하거나, 깊은 관심 없이 형식적으로 반응할 때도 있다.

그런 나를 보면, 스스로도 착하다는 말을 들을 자격이 있을까 고개가 갸웃해진다.

착하다는 것은 도대체 어떤 의미일까?

아마도 사람들이 말하는 '착하다'는 말은 화를 잘 내지 않고, 조용하고, 타인의 이야기를 잘 들어 주는 태도에서 비롯된 것일 것이다.

실제로 모임에서도 웬만해서는 내 감정을 드러내지 않고, 누구의 말이든 경청하려 애쓴다. 그런데 그것이 정말 진심에서 우러나온 건지, 혹은 불편한 상황을 피하고 싶은 회피 심리에서 비롯된 것인지, 때로는 나 자신도 헷갈린다.

경청도 그렇다. 겉으로는 잘 듣는 사람처럼 보이지만, 그 사람의 이름이나 이야기의 세부까지 기억하지 못할 때가 많다. 정성 들여 관계를 이어 가고 싶으면서도, 내 안의 게으름과 무심함이 발목을 잡는다.

그럼에도 불구하고 나는 여전히 착한 사람처럼 행동하려 한다.

이유는 단순하다. 관계 속에서 날카롭고 이기적인 모습은 좋은 결과를 가져오지 않기 때문이다. 사람들과 원만하게 지내려면, 어느 정도의 자기 억제와 배려가 필요하다는 걸 알고 있다.

때로는 '연기하듯' 착한 얼굴을 하기도 한다. 그런 행동이 쌓이면 어느 순간 그 연기가 진짜 내 태도가 되어 있다.

혼자 있을 때는 조금 다르다. 애써 웃을 필요도 없고, 배려라는 명목 아래 감정을 숨기지 않아도 된다. 요즘은 혼자 있는 시간이 편하게 느껴지기도 한다.

문득 이런 생각이 떠오른다.

"나는 진짜 나를 감추고 사는 걸까? 내가 말하는 '진짜 나'는 과연 어떤 모습일까?"

불교에서는 인간을 '실체가 없는 존재'라고 본다. 〈법성게〉라는 게송에 "불수자성 수연성(不守自性 隨緣性)"이라는 구절이 있다. 자신의 본성을 고집하지 않고, 인연에 따라 모습이 달라진다는 뜻이다.

이 말은 나를 크게 위로했다. 고정된 자아가 없다는 말은, 내가 상황에 따라 다른 모습으로 살아가더라도 그것이 모두 '진짜 나'일 수 있다는 뜻이니까.

화를 참으려는 나도, 관계를 소중히 여기려는 나도, 모두 현재의 나를 구성하는 조각들이다.

체스에서 질 때면 속으로 분노가 끓어오르고, 어떤 날은 하루 종일 아무것도 하지 못한 채 시간을 보내기도 한다. 그런 모습도 내 일부다. 그게 부끄럽게 느껴질 때도 있지만, 인정하고 나면 오히려 마음이 편해진다.

중요한 건, '내가 어떤 마음으로 나 자신을 바라보고, 어떤 태도로 타인에게 다가가느냐'다. 착한 사람이라는 평판이 중요한 것이 아니라,

그 안에 나의 진심이 담겨 있느냐가 더 본질적이다.

억지로라도 따뜻하게 행동하려 애쓰는 과정 속에서, 진짜로 그런 사람이 되어 갈 수 있다는 믿음이 있다.

타인 앞의 나와 혼자 있을 때의 내가 점점 닮아 가기를 바란다. 꾸미지 않고도 자연스럽게 나답게 행동할 수 있는 사람이 되고 싶다.

진심이 내 습관이 되는 그날까지, 나는 나를 조금씩 닦아 가야 한다. 완벽하지 않아도 괜찮다. 다만 그 방향으로 나아가고 있기에, 충분히 괜찮은 사람이라고 스스로를 다독인다.

소속감이란

　작년 이맘때쯤, 연고전에 다녀온 적이 있다. 평소 스포츠에는 큰 관심이 없었기에, 특별한 기대나 목적 없이 "친구들이 가니까 나도 간다"는 가벼운 마음으로 따라갔다.

　내가 경기장에 도착했을 때는 이미 세 종목의 경기가 끝난 뒤였고, 연세대가 1대 2로 지고 있는 상황이었다. 그런 상태에서 마지막 축구 경기가 시작됐다.

　사실 나는 축구 규칙조차 제대로 알지 못한다. 그런데도 경기가 시작되자, 골이 들어가고 수비가 성공할 때마다 나도 모르게 주위 사람들과 함께 일어나 함성을 질렀다.

　처음 보는 사람의 어깨를 붙잡고, 목청이 쉬도록 소리치며 응원했다. 그렇게 들떠 있던 순간, 후반 마지막 1분. 연세대가 극적으로 추가 골을 넣었다. 경기장은 순식간에 뒤집혔다.

　목이 쉬어라 응원가를 부르고, 소리가 잘 나오지도 않는 목으로 마지막까지 함성을 질렀다. 그때의 열기와 감동은 지금도 생생히 기억난다.

경기가 끝난 뒤, 우리는 고려대 캠퍼스가 있는 안암으로 이동했다. 연대생, 고대생 할 것 없이 서로 뒤섞여 거리에 쏟아져 나왔다. 기차놀이가 시작되면서 앞사람의 어깨를 잡고 끝이 보이지 않는 줄에 몸을 맡긴 채 노래를 부르며 골목을 돌아다녔다. 정말이지, 처음 느껴 보는 즐거움이었다.

그날은 왜 그렇게 즐거웠을까? 축구도 잘 모르고, 시끄러운 군중 속에 있으면 쉽게 지치는 나인데 말이다.

아마도 극적인 역전, 모두가 하나 되어 외쳤던 응원의 함성, 그리고 낯선 사람들과도 어깨를 나란히 하고 웃을 수 있었던 순간들이 남긴 젊음의 열기들 때문이었을 것이다.

지금 돌이켜 보면, 그것은 일종의 '밴드웨건 효과' 때문이었는지도 모른다.

밴드웨건 효과란, 사람들의 분위기나 유행에 이끌려 이유를 알지 못한 채 함께 동참하는 현상을 말한다. 이 말은 원래 서커스를 홍보하던 밴드가 거리에서 행진할 때, 그 소리에 끌려 사람들이 줄줄이 따라붙으며 만들어진 줄에서 유래했다고 한다.

그날 연고전의 경기장도, 안암의 거리도 그랬다. 모두가 즐거워하니 나도 즐거워졌고, 모두가 노래하니 나도 자연스럽게 목소리를 높였다. 그 안에서는 '왜 응원하는가', '무엇을 위해 즐거운가' 같은 이유는 중요하지 않았다. 그저 함께 있다는 것, 같이 움직이고 있다는 것만으로 충분했기 때문이다.

예전의 나는 이런 집단적 열광을 다소 부정적으로 바라보곤 했다. '흐름에 휩쓸리지 말고, 스스로 사고해야 한다'는 강한 신념을 가지고 있었다.

남들이 좋다고 하는 걸 따라가는 건 줏대가 없는 것이라 생각했고, 진짜 가치는 고독 속에서 혼자 만들어 내는 것이라 믿었다.

연고전 이후, 내 생각은 조금 달라졌다. 집단 속에서 한마음 한뜻으로 움직인다는 것의 소속감이 꼭 나쁜 일만은 아니라는 것을 알게 되었기 때문이다.

그날의 분위기는 누군가의 강요가 아닌, 자발적인 에너지로 만들어진 것이었다.

기차놀이를 따라 걷던 사람들, 가게 앞에서 웃고 있던 사장님들, 골목에서 춤추던 낯선 이들까지, 모두가 같은 리듬으로 움직이고 있었다. 그 리듬은 사람과 사람 사이의 경계를 허물었고, 낯선 얼굴에 웃음을 남겼다. 단순히 '생각 없이 휩쓸리는 것'이 아니라, 서로의 기분과 에너지를 기꺼이 주고받는 일이었다.

그날 나는 처음으로 '함께의 힘'을 느꼈다. 혼자일 때는 결코 만들어낼 수 없는 에너지, 이름 모를 사람들과도 마음을 함께 나눌 수 있는 힘 말이다.

물론 여전히 스스로 사고하고, 자신의 판단을 지키는 일은 중요하다. 때로는 그런 태도가 다른 흐름을 철저히 외면하게 만들기도 한다.

하지만 타인의 열정과 감정을 공유하는 경험, 그리고 그 안에서 나도 무언가를 느낄 수 있다는 건 고립이 아니라 연결이다.

흐름에 몸을 맡긴다는 것은, 생각을 멈추는 것이 아니라 감각을 열어 두는 일이라는 것을 알았다. 연고전이 있던 그 밤처럼, 인생의 어떤 순간들은 혼자가 아니라 함께할 때 더 깊어지고 더 따뜻해진다는 것을 몸소 깨닫는 계기가 되었다.

화를 내는 방법

누군가와 다투는 일은 큰 에너지를 소모하게 만들고, 결국 남는 건 허탈함뿐이다. 그래서 부정적 감정을 드러내기보다는, 속으로 삼키는 쪽을 선택하게 된다.

하지만 감정을 억누른다고 해서 사라지는 건 아니다. 참다 보면, 전혀 예상하지 못한 순간에 감정이 터져 버린다. 별 일 아닌 일에 과하게 반응하고, 스스로도 놀랄 만큼 격하게 폭발한다.

"내가 왜 이런 취급을 받아야 하지?"라는 생각이 들면서 억울함이 밀려왔기 때문이다.

당황스러웠던 건 상대방이었을 것이다. 늘 웃고 있던 사람이 갑자기 예고도 없이 분노를 터뜨렸으니, 황당하고 불편했을 게 분명하다.

한번은 이런 상황을 관찰자의 시선으로 상상해 봤다.

어떤 사람이 화를 내고 있고, 상대방은 당혹스러워하며 어리둥절해 있다. 이 모습을 제3자가 지켜본다면, 맥락을 모르는 상황에서 누구에게 더 부정적인 인상을 받을까?

대학에서 만난 철학

아마도 소리를 지르는 쪽일 것이다. 누가 먼저 잘못했는지를 떠나, 사람은 표현 방식에 먼저 반응하게 된다.

크리스틴 포래스의 《무례함의 비용》에는 이와 비슷한 사례가 나온다.

은행의 한 관리자가 부하 직원을 호되게 꾸짖고 있을 때, 주변에 있던 고객들은 상황의 전후를 몰라도 불쾌감을 느낀다. 잘잘못을 판단할 근거는 없지만, 큰 소리로 감정을 표출한 사람에게 본능적으로 거리를 두게 된다.

누군가가 화를 낼 때, 그 이유보다 방식이 먼저 눈에 들어온다.

내 행동들을 생각해 보니 감정을 쌓아 두나가 결국 불분명한 이유로 폭발하는 경우가 많았다. 그 감정의 방향이 잘못된 경우가 많았다.

내 말보다 먼저 얼굴빛과 태도에서 분노가 드러났고, 상대는 본능적으로 자신을 방어했다. 결국 상황은 악화되고, 문제는 해결되지 않았다.

그렇다고 언제나 침묵하는 게 답은 아니다. 화를 내야 하는 상황에서도 화를 내지 않으면 오히려 얕보이거나, 오해를 살 수도 있다. 결국 핵심은 언제, 어떻게 감정을 드러낼 것인가이다.

나는 감정이 올라오면 폭식하거나, 오히려 아무 일도 없던 것처럼 덮으려 했다. 해소되지 않은 감정은 다른 방식으로, 전혀 예상치 못한 순간에 모습을 드러낸다. 참는 것만이 능사가 아니다.

가장 건강한 방식은, 감정이 가라앉은 뒤 차분하게 말하는 것이다. 상대가 내 마음을 이성적으로 받아들일 수 있도록 상황을 조율하는 것이다.

예를 들어, "조금 기분이 상했는데, 지금 말하면 감정적으로 나올 것 같아. 나중에 이야기하자." 이런 식으로 말하면, 상대는 방어적인 태도를 취하지 않을 가능성이 높고, 서로 감정을 정리할 시간을 가질 수 있다.

여기서 중요한 점은, 상대방이 실제로 잘못했는지 여부와는 별개로, 상대를 대하는 방식은 언제나 윤리적이어야 한다는 것이다.

예를 들어, 누군가 교통법규를 위반했다 해도, 욕설과 위협으로 대응하면 도리어 내가 더 부정적인 평가를 받는다. 정당한 분노라도 표현이 거칠면 그 정당성이 희미해진다.

결국 진짜 감정을 잘 다스린다는 것은, 억누르는 것도, 무작정 터뜨리는 것도 아니다. 내 감정을 '언제, 어떤 식으로' 표현할지를 스스로 선택할 수 있을 때, 비로소 감정의 주인이 되는 것이다. 그것이 성숙한 사회인이 되는 것이라고 믿는다.

절제, 사소한 선택의 시작

나는 절제를 잘하지 못한다. 큰 지출에는 신중하면서도, 소소한 소비 앞에서는 경계심이 쉽게 무너진다.

'이 정도는 괜찮겠지'라는 생각으로 간식을 사고, 별다른 고민 없이 커피 한 잔을 덧붙인다. 금액은 작지만, 자주 반복되다 보면 결과는 꽤 큰 총액이 된다. 어느 날 통장 잔고를 확인하다가, '도대체 돈을 어디에 쓴 걸까' 하고 스스로 놀라곤 한다.

이건 비단 소비에만 해당되지 않는다.

공부를 하려고 마음먹었을 때도, 책상 앞에 앉기까지는 온갖 딴짓이 끊이지 않는다. 스마트폰을 한 번 확인하고, 갑자기 방 청소가 하고 싶어지고, 노래를 한 곡 듣고 나서야 겨우 시작할 수 있다.

몰입하면 오래가는 편이지만, 그 몰입에 도달하기까지가 멀고도 험하다. 운동도 마찬가지다. 하루 걸렀다고 크게 달라질 건 없다는 생각이 들고, 그렇게 하루, 이틀 미루다 보면 한 달이 금방 지나간다.

절제를 떠올리면, 게으름, 미루기, 충동적 소비, 현실 회피 같은 문제들이 꼬리에 꼬리를 문다. 하지만 이번에는 그 결과보다, 왜 절제가 어려운지 들여다보고 싶다.

절제란, 하지 말아야 할 일 앞에서 '실제로 하지 않는 것'이다.

단순한 말 같지만, 행동으로 옮기기는 가장 어려운 일 중 하나다.

예를 들어, 한 달 예산을 30만 원으로 정했다면 그 안에서만 써야 한다. 만약 남은 금액이 2만 원인데 친구와의 식사에 3만 원이 필요하다면, 가지 않거나 저렴한 다른 선택을 해야 한다. 하지만 마음 한편에서 이런 속삭임이 들려온다.

"이번 한 번쯤은 괜찮아."

"어차피 다음 달에 다시 조절하면 되니까."

절제를 무너뜨리는 가장 강력한 유혹은 자기 합리화다. 단호히 거절해야 할 순간에 애매한 타협이 끼어들면 절제는 힘을 잃는다.

이런 타협은 소비나 습관뿐 아니라 일상 전반에서 반복된다. 공부를 하다가도 "지금 좀 쉬고, 나중에 더 집중하자." 다이어트를 하면서도 "하나 더 먹는다고 뭐가 달라지겠어." 운동을 미루며 "오늘은 피곤하니까, 내일부터 제대로 시작하자."

모두 익숙한 말들이다. 스스로를 설득하는 데 능숙해진 결과, 절제는 점점 더 멀어진다.

절제는 거대한 의지로 벽을 세우는 것이 아니라, 이런 작은 균열 하나하나를 허용하지 않는 데서 시작된다.

나는 늘 그 균열에 약했다. 고전에서 말하길, '작은 일이 자주 일어나기에 큰일이고, 큰일은 자주 일어나지 않기에 작은 일이다'라고 했다. 작은 실수 하나쯤은 괜찮다는 생각이 반복되다 보면, 어느새 그것들이 모여 삶의 방향까지 흔들어 놓는다.

결국 나는 절제를 잘하지 못하는 이유가 '의지 부족'이 아니라 불편함에 대한 회피라는 걸 깨달았다.

절제는 나를 편안하게 두지 않는다. 지금 당장의 욕구를 참아야 하고, 충동을 눌러야 하며, 때로는 사람들과의 관계에서도 선을 그어야 한다.

그 불편함이 싫어서 '절제를 못한다'는 말로 나 자신을 속인다. 사실은, 그저 편하고 쉬운 쪽에 머물고 싶어서다. 변화는 피곤하고, 지금이 익숙하니까.

이런 자기기만은 반복된다.

"나는 원래 절제가 안 되는 사람이야."

이 말은 변화를 포기하겠다는 말과 다르지 않다. 어쩌면 절제를 못하는 게 아니라, 절제를 할 만큼 간절하지 않은 것일지도 모른다.

그렇다면 절제는 어디서부터 다시 시작할 수 있을까.

대단한 결심이 아니라, 아주 사소한 선택 하나에서부터 가능하다고 믿는다.

마트에서 초콜릿 하나를 사려다가 다시 내려놓는 것. 지출 내역을 하루에 한 번씩만이라도 적어 보는 것. 공부를 시작하기 전, 5분만 딴 짓을 미루는 것. 이런 작은 행동들이 모이면, 어느 순간 절제가 습관이 될 수 있다.

절제는 단순히 참는 능력이 아니라, 삶을 유지하는 균형 감각이다. 절제가 무너지는 순간, 돈은 새고, 건강은 무너지며 마음은 게을러진다.

오늘부터라도 그 사소한 선택들을 조금 더 의식하고 싶다. '지금은 괜찮아'라는 말 대신, '이건 지금 꼭 필요한가?'라는 질문을 먼저 던져 보려 한다.

삶은 결국, 작은 선택들의 총합이다.

작은 절제들이 쌓여야, 내가 원하는 방향으로 조금씩 나아갈 수 있다. 호미로 막을 수 있는 순간을 가래가 필요한 순간으로 넘기지 않도록, 오늘 하루의 사소한 선택부터 제대로 해 보고 싶다.

공짜의 무게

고등학생 때, 나는 친구들과 자주 어울려 다녔다. 밥을 먹으러 가자는 말이 나오면, 주머니 사정을 생각해 망설이기 일쑤였다.

선뜻 "돈이 없어"라고 말하는 것도 어색하고 미안했다. 그럴 때면 꼭 누군가가 "괜찮아, 내가 살게" 하며 웃어 보였고, 나는 등을 떠밀리듯 식당으로 향했다.

그때는 그저 고마운 마음으로 넘겼다. 언젠가 갚으면 된다고 가볍게 생각했다. 친구가 먼저 사겠다고 한 일이었으니, 내게 큰 부담은 아니었다. 어느 날, 그 이야기가 어머니 귀에 들어갔고 크게 혼이 났다.

어머니는 아무리 가진 것이 없어도, 공짜에 익숙해지면 안 된다고 말씀하셨다.

그 말은 처음엔 억울하게만 들렸다. 일부러 사 달라고 한 것도 아니고, 그저 친구가 베푼 호의였는데 왜 문제가 되는지 쉽게 이해되지 않았다. 하지만 시간이 흐르면서 그 말씀의 의도를 점차 이해하게 되었다.

공짜는 왜 이토록 달콤할까. 이유는 간단하다. 아무런 대가 없이 얻을 수 있기 때문이다. 과거엔 어떤 것을 얻기 위해 반드시 무언가를 내놓아야 했다. 제물을 바치거나, 물건을 교환하거나, 시간을 들여야 했다.

지금도 마찬가지다. 대가가 돈이든, 시간이든, 정보든, 우리는 늘 무언가를 지불하며 살아간다.

공짜는 그 과정을 건너뛴다. 노력 없이 얻는 편리함이 우리를 유혹한다. 물론 겉보기에 '공짜'처럼 보이지만 그렇지 않은 것들도 많다. 사은품이나 포인트 교환 같은 것들. 하지만 그것조차도 결국 시간과 관심을 비용으로 치르고 얻는 것이다.

친구에게 밥을 얻어먹은 일은 그것과는 다르다. 나는 아무런 대가도 치르지 않았고, 친구에게 돌아가는 특별한 이익도 없었다. 순전히 나만 얻었고, 나만 편해졌다.

공짜에 익숙해지면 어떤 문제가 생길까. 가장 먼저 무뎌지는 것은 감사다. 처음엔 고마웠던 마음이 점점 사라지고, 곧 익숙함이 그 자리를 채운다. 결국엔 당연하게 여기게 된다. 하지만 내가 쉽게 얻은 그것은, 누군가의 노력과 수고로 만들어진 것이다.

그걸 잊는 순간, 공짜는 단순한 호의가 아니라, 타인의 수고를 당연하게 여기는 나쁜 심보가 된다.

더 큰 문제는, 그런 익숙함이 스스로의 기준을 낮춘다는 점이다. 공짜가 당연해지면, 무엇인가를 위해 애쓰는 일에 인색해진다. 노력해야 하는 상황보다 노력하지 않아도 되는 상황을 더 찾게 되고, 어떤 일이든 쉽게 포기하게 된다.

그렇게 조금씩 게을러진다. 결국 자기 자신에게 써야 할 정당한 대가조차 아깝게 느껴지고, 자기 삶을 스스로 싸구려로 만들게 되는 것이다.

어머니께 혼난 후, 나는 친구들에게 받은 밥값을 다시 밥값으로 갚았다. 대단한 보답은 아니었지만, 그 일을 계기로 나는 공짜를 쉽게 받아들이지 않게 되었다.

지금도 누군가의 도움을 받을 때가 있지만, 그럴 때마다 어떤 형태로든 돌려주려 한다. 작은 선물로, 따뜻한 말로, 진심 어린 감사의 표현으로라도. 드러나는 것으로 보답할 수 없다면, 최소한 마음이라도 다하려고 한다.

솔직히 말해, 여전히 공짜는 좋다. 나도 사람인지라 편한 걸 마다하지 않는다. 다만 이제는 그 편안함 뒤에 있는 누군가의 수고를 잊지 않으려 한다. 그동안 내가 받아온 많은 지원과 사랑을 떠올리면, 지금 이대로도 충분히 과분하다.

이제는 더 이상 공짜를 기대하기보단, 누군가에게 이렇게 말해 줄 수 있는 사람이 되고 싶다.

"이건 네가 노력한 만큼의 대가야."

그 말이 어머니가 하셨던 말씀의 진짜 의미였음을 이제야 깨닫는다.

좋은 사람 되기 연습

여전히 사람들과의 거리를 가늠하는 일이 쉽지 않다. 초등학교 때는 큰 어려움 없이 친구를 사귈 수 있었지만, 전학 이후로는 점점 버거웠다. 사람들과 잘 지내기 위해, 보이지 않는 감각을 익히고 조율하는 데 오랜 시간이 걸렸다.

지금은 예전보다 훨씬 나아져서, 적당한 선을 지키며 다양한 사람들과 연결점을 찾을 수 있게 되었다. 그런데 사람 사이에서 나름 잘 지내고 있다고 느끼던 어느 순간, 너무 많은 인연을 한꺼번에 품고 있다는 걸 깨달았다.

주변에 인연이 많다는 게 꼭 좋은 일만은 아니었다. 세상에는 내 삶에 긍정적인 자극을 주는 사람이 있는가 하면, 그 반대의 영향력을 가진 사람도 있다. 그저 함께 있을 때 즐겁기만 한 사람, 내게 별다른 영향을 주지 않는 사람, 혹은 내 방향과 감각을 흐트러뜨리는 사람도 있었다.

안타깝게도, 나는 후자와 가까운 시간을 보내는 경우가 많았다. 어쩌면 그건, 그 시기의 나 또한 그런 방식으로 가벼웠기 때문인지도 모른다.

　　　　　　　　　　대학에서 만난 철학

그때의 나는 깊이 있는 대화보다 웃고 떠드는 분위기를 더 편하게 느꼈다. 진심을 나눌 수 있었던 사람들과도 결국엔 표면적인 만남으로 끝나 버렸다.

심지어는 나와 맞지 않는 방식으로 살아가는 사람들과 어울리며, 내가 애써 세워 온 기준을 스스로 허물기도 했다. 지나고 나서야 그게 스스로를 힘 빠지게 하는 일이었음을 알았다.

그럴 땐, 그 연결을 멈추고 내 삶으로 다시 돌아오는 것이 필요했다. 하지만 선을 긋는 일은 익숙하지 않았다. 어디까지 말해야 예의일지, 어떤 방식이 부드러울지, 혹은 내가 지나치게 이기적인 건 아닌지 고민이 많았다.

망설이나가 타이밍을 놓치고, 마음이 불편한 채로 관계를 이어 가는 경우가 대부분이었다. 그러면서 정작 가장 중요한 나 자신은 뒷전이 되었다.

그래도 요즘은 다행이라는 생각을 자주 한다. 지금 곁에 있는 친구들은, 평소에는 가볍게 웃고 떠드는 사이이면서도, 필요할 땐 조언을 건넨다.

그들과의 대화를 통해 내 안의 부족함을 자주 마주하게 되었고, 그러한 자각이 나를 더 단단하게 만들었다.

얼마 전에는 오랜 시간 고민해왔던 만남 하나를 정리했다. 고등학교 때 가까워진 친구였지만, 오랫동안 나에게 불편함을 주는 사람이었다.

그 친구는 내 사고방식이나 감정의 흐름에 계속해서 부정적인 영향을 줬고, 그와 함께 있으면 나조차 내가 낯설게 느껴졌다. 처음엔 "나도 완전한 사람은 아닌데…" 하는 마음에 망설였지만, 결국 그 연결을 놓는 것이 스스로를 지키는 길이라는 걸 인정할 수밖에 없었다.

이제는 누구와 어울릴지를 고민하기 전에, 먼저 나 자신의 기준을 분명히 세워야 한다고 생각한다. 세상의 모든 사람과 잘 지낼 수는 없고, 모두에게 다정할 수도 없다.

내가 어떤 가치관을 갖고 살아가고자 하는지를 분명히 해야, 그 삶의 방향에 어울리는 사람들도 자연스럽게 곁에 머물게 될 것이다.

아직도 어떤 사람이 내게 좋은 영향을 주는지, 어떤 관계가 나를 무겁게 만드는지 완전히 분별하긴 어렵다. 그래서 지금은 억지로 많은 사람들과 어울리기보다, 내가 어떤 사람으로 살아가고 싶은지를 고민하고 있다.

내 삶이 더 단단해지고, 내 마음이 흔들리지 않을 때, 정말 필요한 인연은 자연스럽게 찾아올 것이라 믿는다.

사람을 사귈 수 있다는 건 언제나 기쁜 일이다. 하지만 그 기쁨만 좇다 보면, 어느새 내 중심이 사라진다. 지금의 나는 그저 좋은 사람을 찾기보다, 내가 좋은 사람이 되는 연습부터 하고 싶다.

좋은 사람이 되어야, 좋은 사람들과 오래도록 함께할 수 있다. 지금은 좋은 사람 되기를 연습하는 청춘의 시간이다.

소인배의 삶

《철학의 즐거움》에는 '소인배'에 관한 흥미로운 이야기가 하나 나온다.

어느 날, 자신이 멍청하다는 소문에 불쾌함을 느낀 한 사람이 있었다. 그는 이 평판을 뒤집기 위해 어떤 주제든 일단 비판하고 보는 태도를 취하기 시작했다.

근거는 없었지만, 말투는 확신에 차 있었고, 그의 공격적인 의견은 사람들을 주눅 들게 만들었다. 결국 사람들은 그의 주장에 쉽게 동조하기 시작했고, 그는 머리는 좋은데 성격은 나쁜 사람으로 인식되었다.

사실 달라진 건 아무것도 없었다. 여전히 생각 없이 말하고 있었지만, 그저 비판하는 사람이라는 이유만으로 권위에 저항하는 이로 포장된 것이다.

이 이야기는 오늘날 우리가 살아가는 사회의 민낯을 드러낸다.

지금 우리는 거의 모든 여론을 소셜 미디어를 통해 접한다. 그 공간에서는 누구든 자유롭게 의견을 낼 수 있고, 논의는 순식간에 비난과 인신공격으로 변질되기도 한다.

대학에서 만난 철학

정보가 넘쳐나는 시대, 스스로의 생각이 분명하지 않으면 사람은 쉽게 휩쓸린다. 실 끊어진 연처럼, 계속 이쪽저쪽으로 흔들리다 결국 방향을 잃게 되는 것이다.

나 역시 비슷한 경험을 종종 한다. 정치나 사회 문제에 대한 대화를 나누다 보면, 내 생각과 정반대인 주장을 듣고도 '그 말도 맞는 것 같다'라는 생각이 들곤 한다. 어느 쪽도 100% 옳거나 틀릴 수 없는 문제들이 대부분이기 때문이다.

민주주의 사회에서 완벽한 정답은 없다. 이해관계에 따라, 입장에 따라 사람들의 판단은 다르게 나뉜다.

그럼에도 불구하고 많은 사람들이 '내 편이 옳고, 네 편은 틀렸다'고 믿는다. 왜일까? 나는 이것이 일종의 방어기제라고 생각한다.

정보가 넘쳐나지만, 그중 무엇이 옳은지 가려내기란 결코 쉽지 않다. 판단력이 부족하면 무지한 사람으로 여겨질 것 같은 두려움에, 사람들은 오히려 더 확신에 찬 목소리를 내는지도 모른다.

소인배 이야기처럼, 모른다는 사실을 드러내지 않기 위해 더 강한 말, 더 날카로운 언어로 타인을 공격하는 것이다. 그 공격성은 어쩌면 자기 확신이 아니라, 자기 불안을 가리려는 방패일지도 모른다.

이런 모습은 온라인 공간에서 가장 극명하게 나타난다. 극단적이고 공격적인 말일수록 더 많은 반응을 얻는다.

진실의 말보다는 자극적인 말이 주목받는 구조다. 누군가에게 동조를 얻든, 반대를 부르든, 중요한 건 결국 자신이 무시당하지 않는 것이다. 이런 흐름 속에서 우리는 어느새 비판을 위한 비판에 익숙해지고, 진짜 중요한 문제는 놓쳐 버리고 만다.

나도 과거에는 그랬다. 똑똑해 보이고 싶다는 욕심에, 제대로 이해하지도 못한 채 강한 어조로 말하곤 했다. 그게 나를 더 있어 보이게 만들어줄 거라 믿었다. 지금 돌아보면, 그것 역시 내 무지를 감추기 위한 일종의 자기기만이었다.

더 안타까운 건, 그런 태도는 결국 비슷한 사람들을 끌어당긴다는 점이다. 겉으로는 "깨어 있다"고 서로를 치켜세우면서도, 정작 깊이 있는 대화는 없었다. 그저 무지함 속에서, 비슷한 말만 반복하며 세상을 논하던 시절이 있었다.

이제는 그 시절의 기만을 조금씩 인정하게 되었다. 여전히 편향된 정보에 영향을 받기도 하고, 때로는 성급한 판단을 하기도 하지만, 그런 순간마다 스스로에게 묻는다.

"이건 정말 내 생각인가? 아니면 어디서 들은 말을 그냥 되풀이하고 있는 건가?"

생각보다, 이 질문에 대답하기는 쉽지 않다. 정보가 너무 많은 세상에서는, 자기 생각을 끝까지 붙잡고 가는 일이 점점 더 힘들어진다.

그래서 나는 요즘, 확신보다 겸손한 의심을 배우려고 한다. 더 많이 듣고, 더 깊이 고민하고, 무엇보다 모른다는 사실을 두려워하지 않으려 한다.

진짜 성숙함은 안다는 확신이 아니라, 모름을 인정하는 용기에서 시작되는 것 같다.

용서에 대하여

　1학년 때 동양철학 수업에서 다산 정약용의 '서(恕)'에 대해 배운 적이 있다. 다산은 주자가 말한 '서(恕)'를 두 가지로 나누어 설명했다.

　하나는 '치인(治人)으로서의 서(恕)'로, 다른 사람을 용서하는 것이다. 또 하나는 '자수(自修)로서의 서(恕)'인데, 이는 자신의 기준을 다른 사람에게 대입하는 것을 의미한다.

　쉽게 말해, 타인을 이해하고 용서하는 마음과, 내 기준을 남에게 요구하는 마음을 구분한 것이다. 다산은 용서는 나쁜 행동을 벌하는 데는 효과적이지만, 좋은 행동을 실천하는 데는 부족하다고 했다. 처음에는 이 말이 잘 이해되지 않았다.

　주자는 '서(恕)'를 다시 두 가지로 나누었다.

　하나는 잘못한 사람을 꾸짖는 '책임을 묻는 서(恕)'이고, 다른 하나는 상대를 아끼고 사랑하는 '배려하는 서(恕)'이다.

　그는 이 두 가지가 모두 필요하다고 하였다. 단순히 잘못만 지적하는 것이 아니라, 따뜻한 마음도 함께 있어야 한다는 뜻이다.

　다산은 여기서 한 걸음 더 나아가 '서(恕)'란 내가 스스로 착해져서 남에게 베푸는 것이 아니라, 상대방 마음에서 출발해 나 자신에게 돌려보는 것이라고 했다.

즉, 내가 생각하는 선이 내 마음에만 있다면, 그것은 진짜 선이 아니라 겉으로만 좋은 척하는 위선일 수 있다는 뜻이다.

생각해 보니, 지금 내게 필요한 것은 주자가 말한 '서(恕)'보다 다산의 '서(恕)'인 것 같다.

나는 아직 무엇이 옳고 그른지 확실하게 판단할 만큼 알지 못한다. 그래서 다른 사람의 마음을 보고 그 마음을 내게 비추어 보는 다산의 '서(恕)'가 더 와 닿는다.

물론 이 말은 타인이 좋다고 하는 것을 무조건 따라하라는 뜻이 아니다.

공자께서도 '내가 원하지 않는 것을 남에게 시키지 말라'고 하셨다. 다산은 그걸 더 발전시켜, 상대를 내 기준으로만 판단하지 말고, 상대도 나와 똑같이 존중받을 사람으로 생각하라고 하였다. '서(恕)'는 혼자만 하는 일이 아니라 서로가 서로를 존중하는 마음이라는 뜻이다.

수업에서 배운 주자의 '서(恕)'는 조금 딱딱하고 권위적인 느낌이었다.

마치 왕이 백성을 다스리면서 '내가 정한 기준을 너희도 따라야 한다'고 말하는 것 같았다. 주자가 그걸 말한 것은 군주 입장에서 필요한 도덕이었기 때문이다. 그래서 그 '서(恕)'에는 통치자의 권위가 담겨 있었다.

반면 다산이 말한 '서(恕)'는 우리 일상에서 서로 이해하고 배려하며, 동등한 사람으로 존중하는 마음이었다.

요즘 우리가 흔히 말하는 용서와는 조금 다르다. 지금의 용서는 누군가 나에게 상처를 줬어도 그걸 더 이상 미워하지 않고 마음에서 놓아주는 것이다. 솔직히 나는 그런 용서도 잘 못한다. 상대보다 내가 더 우위에 서서 '내가 용서해 준다'고 생각하는 태도도 불편하지만, 그렇게 할 만한 마음의 여유가 아직 부족하다고 느낀다.

그래서 요즘 나는 다산의 '서(恕)'를 자꾸 떠올린다. 누군가를 판단하거나 용서하기 전에, 먼저 내 마음을 돌아보고, 상대방 입장에서 생각해 보는 연습이 필요하다고 느낀다.

아직은 배워 가는 중이지만, 조금씩 나만의 기준을 세우고 주자의 '서(恕)'와 다산의 '서(恕)' 두 가지를 잘 조화시키려고 노력하고 있다. 그래야 남에게 이해받기 전에 나부터 이해할 수 있고, 용서받기 전에 내가 먼저 용서할 수 있는 사람이 될 수 있다고 믿는다.

대학에서 만난 철학

철학노트

#3 관계

　인간은 홀로 존재할 수 없는 존재다. 철학자 아리스토텔레스는 인간을 사회적 동물이라 했다. 인간은 타인과의 관계 속에서 자신을 발견하고, 관계를 통해 완성된다. 혼자서 살아남을 수는 있지만, 혼자서는 인간다워질 수 없다.

　관계는 인간의 본질이며, 우리가 어떻게 살아야 하는가에 대한 질문은 끝없이 이어진다. 가장 어렵고 복잡한 주제이기도 하다.

　가까워질수록 상처받고, 거리를 두면 외롭다. "남들과 어떻게 살아야 할까"라는 물음은 단순한 인간관계의 어떻게 맺어야 하는 것이 아니라 삶의 전반적인 방향에 대한 물음이다.

아리스토텔레스 - 함께 선을 추구하는 관계

　아리스토텔레스는《정치학》에서 인간이 공동체 속에서만 완전해질 수 있다고 말했다.

　그는 인간을 자연적으로 사회적 존재로 규정하며, 혼자 사는 자를 신이거나 짐승으로 보았다. 개인은 공동체 속에서 덕을 실현할 때 비로소 인간으로서 완성된다.

그가 말한 '우정(필리아)'은 관계의 가장 높은 형태였다. 진정한 우정은 단순한 이해관계나 감정의 교류가 아니라, 함께 '선(善)'을 추구하는 관계다. 선을 함께 추구할 때 관계는 서로를 성장시키며, 인간은 관계를 통해 더 나은 존재로 나아간다.

오늘날 우리는 온라인에서 수백 명의 친구를 맺지만 진정한 우정을 느끼지 못한다. 아리스토텔레스의 말처럼 관계의 본질은 '숫자'가 아니라 '방향'에 있다. 나를 더 나은 인간으로 이끄는 관계만이 진정한 의미를 가진다.

칸트 - 타인을 목적으로 대하라

칸트는 "타인을 수단이 아니라, 목적으로 대하라"고 말했다. 이것이 그의 도덕법칙, 정언명령의 핵심이다.

타인은 나의 욕망을 채우기 위한 도구가 아니라, 그 자체로 존중받아야 하는 목적이다. 모든 인간은 조건 없이 존엄하다. 오늘날 사회는 종종 타인을 결과로 평가한다.

칸트는 그런 관점을 철저히 거부했다. 인간은 어떤 상황에서도 '존엄한 목적'으로 대우받아야 한다. 관계는 이용이 아니라 존중 위에 세워져야 한다.

누군가를 존중할 때 비로소 자신을 존중할 수 있다. 관계의 질은 타인에 대한 태도에서 드러난다. 좋은 관계는 서로를 목적으로 대하는 순간, 즉 상대가 '존재 그 자체로 소중하다'고 느끼는 순간 이어지고 지속된다.

마르틴 부버 - 만남

마르틴 부버는 《나와 너》에서 관계의 본질을 '만남'으로 설명했다. 그는 인간의 관계를 두 가지로 나누었다. '나-그것'의 관계와 '나-너'의 관계다. '나-그것'의 관계는 타인을 대상으로 바라보는 관계다. 분석하고 이용하고 판단할 수는 있지만, 그 안에는 진정한 만남이 없다. 반면 '나-너'의 관계는 존재와 존재가 마주하는 순간이다.

계산도 목적도 없는 순수한 만남의 경험 속에서 우리는 비로소 인간다워진다. 부버에게 인간의 본질은 바로 그 '나-너'의 관계 속에서 드러난다. 우리는 누군가를 진심으로 바라보고, 그의 존재를 그대로 받아들일 때 스스로도 존재의 깊이를 느낀다.

사랑이나 깊은 우정 속에서 경험하는 순수한 교감이 '나-너'의 관계다. 그런 만남은 짧더라도 인간을 바꾸어 놓는다. 타인을 통해 사신을 다시 발견하곤 한다.

에마뉘엘 레비나스 - 타자 앞에서 시작되는 책임

관계는 타자를 마주하는 순간에 시작된다. 우리는 타인과의 만남 속에서 자신이 혼자가 아님을 깨닫고, 그때 비로소 '나'라는 존재의 한계를 인식한다.

관계는 이해에서 출발하지 않는다. 오히려 타인을 이해할 수 없음의 자각에서 시작된다. 나와 다른 존재의 등장은 나의 세계를 흔들고, 그 흔들림이 관계의 문을 연다.

레비나스는 "타자의 얼굴 앞에서 책임이 시작된다"고 말했다. 타자는 나와 다른 존재이기에 불편하고, 쉽게 이해할 수 없다. 바로 그 다름이 관계를 가능하게 한다. 우리는 타자를 마주할 때마다 자신이 완벽하지 않다는 사실을 배운다. 타자를 완전히 이해할 수 없다는 인식이 곧 도덕적 책임의 시작이 된다.

관계란 단순한 교류나 소통이 아니라, 한 존재가 다른 존재의 얼굴 앞에서 자신을 새롭게 자각하는 순간이다. 진정한 관계는 소유가 아니라 응답이며, 이해가 아니라 책임이다. 우리가 타인을 향해 책임을 느낄 때, 그 순간 관계는 단순한 만남을 넘어 인간됨의 깊이로 확장된다.

공자 - 인(仁)과 예(禮)의 적절한 균형

동양철학에서도 관계는 인간의 중심에 있었다. 공자는 인간관계의 원리를 '인(仁)'과 '예(禮)'로 설명했다.

인은 타인에 대한 사랑이며, 예는 그 사랑이 흐트러지지 않게 하는 절제다. 사랑에는 온기가 필요하지만, 관계가 조화를 이루려면 거리도 필요하다. 너무 가까우면 예가 무너지고, 너무 멀면 인이 식는다. 건강한 관계는 적절한 거리의 균형 위에서 이루어진다.

오늘날 관계의 피로는 대부분 거리의 혼란에서 비롯된다. 함께 있으면서도 마음이 멀고, 멀리 있으면서도 타인의 삶에 과도하게 개입한다. 공자는 "지나침은 모자람만 못하다"고 했다. 관계는 끊임없이 '적당한 거리'를 조율하는 과정에서 이루어진다.

관계의 본질은 타인을 통해 나를 배우는 데 있다. 진정한 관계는 나를 잃지 않으면서도 타인을 존중할 줄 아는 것이다. 즉, 독립 속에서의 상호 성장이야말로 철학이 말하는 성숙한 관계다.

우리는 타인과 함께 살아가며 자신을 발견한다. 그러므로 "남들과 어떻게 살아야 할까"라는 질문은 결국 "나는 어떤 사람으로 살아야 하는가"라는 질문과 같다.

타인을 향한 태도는 곧 자기 자신을 비추는 거울이다. 관계를 잘 맺는 사람은 세상을 잘 이해할 수 있다. 관계의 철학은 타인을 이해하려는 마음에서 출발한다.

그 마음은 결국 나 자신을 더 깊이 이해하게 만든다. 스스로를 이해하기 위해 사람은 관계 속에서 살아야 한다.

4장

책임을 깨닫다

독서의 이유

책을 읽는 일은 한동안 내게 중요하지 않았다. 학과 공부에만 집중했고, 그마저도 성적만 잘 받으면 된다는 생각이었다. 팀 과제는 늘 어딘가 엉성했고, 눈에 보이는 결과가 나오지 않는 일에는 쉽게 손을 놓았다. 늘 효율만을 따졌고, 당장 드러나는 성과가 없는 일에는 의미를 두지 않았다.

'지금의 나에게 진짜 필요한 건 무엇일까' 하는 질문 앞에서는 늘 막막했다. 성실함, 자신감, 자존감 같은 단어들이 떠오르곤 했지만, 내게 조언을 아끼지 않던 은사님은 언제나 같은 이야기를 들려주셨다.

"책을 많이 읽어라."

그 말은 처음엔 당연하고 뻔하게 들렸다. 책이 좋다는 건 누구나 아는 이야기니까. 왜 읽어야 하는지 정확히 이해하지 못한 채 몇 권을 억지로 읽어 보았지만, 읽어도 머릿속에 남지 않았고, 그런 자신에게 실망했다. 책보다 유튜브가 훨씬 재미있었고, 휴대폰을 드는 게 훨씬 편했다.

그런데 글을 쓰기 시작하면서 조금씩 달라졌다.

무엇인가를 설명하려고 할 때마다 내가 경험한 것이 너무 적다는 걸 절감했다. 주변 친구들은 아르바이트, 여행, 봉사활동 등을 통해 넓은 세상 속에서, 여러 사람을 만나며 다양한 경험을 쌓고 있었다.

반면 나는 내 공부만으로도 벅찼고, 세상 경험은 턱없이 부족했다. 당연히 시야가 좁을 수밖에 없다. 이런 좁은 시야에서 벗어나고, 내가 경험하지 못한 세계를 이해할 수 있는 유일한 방법은 결국 책을 통해 간접적으로 살아 보는 것이었다.

그래서 책이 더 절실해졌다. 직접 겪지 못한 인생을 간접적으로 살아 볼 수 있는 가장 빠른 방법, 내가 경험하지 않은 세계를 이해할 수 있는 도구로서 책은 점점 더 중요한 존재가 되었다.

한 선배는 언젠가 "책을 연애하듯 읽으라"고 말했다.

그 말의 의미를 되묻자 그는 "상대를 모르고는 사랑할 수 없듯, 저자가 무엇을 말하고자 하는지 먼저 이해해야 진짜 독서가 시작된다"고 답했다. 그 순간 독서가 단순한 정보 습득이 아니라 저자와의 대화이며, 사람을 알아 가는 일이라는 것을 알게 되었다.

책을 읽기 전에는 내 삶에 분명한 기준이 없었다. 쉽게 흔들리고, 때로는 재밌다는 이유로 좋지 않은 영향을 받아들이기도 했다. 옳고 그름을 구분할 기준이 없었기에 방향도 잃기 쉬웠다.

그런 혼란 속에서 책은 먼저 살아간 사람들이 남긴 흔적을 보여주었고, 나는 그 흔적을 따라가며 조금씩 내 기준을 세우기 시작했다.

독서는 단순히 지식을 쌓는 일이 아니다.

새로운 시선을 얻고, 내가 놓친 부분을 되짚게 하며, 낯선 생각과 마주하게 만든다. 경험이 부족할수록 더 많이 읽어야 하고, 읽을수록 세상을 바라보는 눈이 조금씩 달라진다. 나라는 좁은 세계에 균열을 만들고, 그 틈으로 타인의 삶이 스며든다.

대학을 다니며 느낀 것은, 시험을 잘 본다고 해서 반드시 사고가 깊은 사람은 아니라는 점이다. 성적은 순간의 결과일 뿐이다. 중요한 것은 배운 내용을 얼마나 오래 붙잡고 고민하느냐는 것이다.

어떤 이는 정답을 외우고, 어떤 이는 그 정답이 나온 이유를 탐색한다. 같은 공부를 하더라도 삶에서 드러나는 깊이는 분명히 다르다.

책을 읽는 것은 호기심을 가지고 누군가의 인생을 잠시 살펴보는 일이다. 그 간접경험 속에서 나만의 관점을 만들고, 더 나은 결정을 위한 기준을 배워 간다. 언젠가 나도 그런 삶의 조각들을 모아 누군가에게 전할 수 있는 사람이 되고 싶다.

책은 사람을 단번에 바꾸지 않는다. 그러나 변화하고자 마음먹는 순간, 언제나 옆에서 길을 보여 준다. 이것이 앞으로 걸어갈 방향을 비춰 주는 독서가 필요한 이유라고 생각한다.

시간의 속도

어렸을 때는 일주일이 참 길었다.

월요일이 되면 고단함이 밀려왔고, 금요일까지는 한참이나 남은 것처럼 느껴졌다. 주말이 오면 마음껏 컴퓨터를 할 수 있었고, 친구들과 실컷 놀 수 있었기에 그 시간을 손꼽아 기다렸다.

평일에 유치원에 가고 학교에 가는 일은 늘 마뜩잖았다. 이상하게도 그 시절의 일주일은 정말이지 길게만 느껴졌다.

월요일과 화요일은 유난히 버거웠고, 수요일쯤 되어서야 "이제 반 왔네" 하는 생각이 들었다. 목요일이 되면 몸은 피곤하지만 마음은 이미 주말에 가 있었고, 금요일 하교를 기다리며 하루를 버티곤 했다.

수업이 끝나고 집으로 달려가는 길, 나는 세상에서 제일 자유로운 사람처럼 느껴졌다. '오늘은 뭘 하며 놀까' 고민하며 들뜬 마음으로 저녁을 맞이했다.

주말은 그렇게 빠르게 지나갔다. 실컷 놀다 어머니께 꾸중도 듣고, 그러고 나면 또다시 월요일이 찾아왔다. 그 월요일은 언제나, 끔찍할 만큼 길었다.

이상하게도 지금은 그때처럼 시간이 길게 느껴지지 않는다. 오히려 하루하루는 긴데, 일주일은 순식간에 지나가 버린다.

월요일이 특별히 괴롭지도 않고, 금요일이 유독 설레지도 않는다. 주말이 빠르게 지나가는 건 여전하지만, 그만큼 평일도 빠르다. 한 주가 휙 지나가고, 한 달이 끝나고, 어느덧 학기가 마무리되어도 예전처럼 '시간이 오래 걸렸다'는 느낌은 남지 않는다.

사람들은 나이가 들수록 시간이 빨라진다고들 말한다.

나는 그 이유가 '현재를 의식하는 순간'이 줄어들기 때문이라고 생각한다. 사람은 느끼는 만큼 시간이 느리게 흐른다. 어릴 적의 나는 월요일이 싫어서, 그 느리게 흘러가는 월요일을 뚜렷이 느끼며 살았다. 그 '느림'을 온전히 겪었기에, 그 시절의 하루하루는 지금보다 훨씬 더 길고 또렷했다.

지금은 다르다. 하루 안에 해야 할 일들이 너무 많고, 그 일들을 해내는 데 집중하다 보면 어느새 하루가 끝나 있다. 마치 중간중간의 시간이 잘려 나가고, 중요한 장면만 빠르게 편집된 영상처럼 하루가 지나간다.

시간이 빠르다기보다는, 어느 구간이 통째로 건너뛰어진 듯한 느낌이다.

나이가 들수록 의식이 더 무뎌지는 것일까. 나이가 들면 들수록 지금이 즐거운지, 지루한지조차 묻지 않고 살아간다. 그런 삶은 어느새

　　　　대학에서 만난 철학

하루와 한 달, 그리고 일 년이 통째로 지나가게 만든다.

"언제 이렇게 시간이 흘렀지?"라는 말이 입 밖으로 튀어나온다. 아직 그렇게 오래 산 것도 아닌데, 문득 그런 생각이 든다. 점점 더 많은 것들이 '현재'라는 감각을 흐릿하게 만든다.

다시는 돌아오지 않을 하루가 의식하지 못한 채 흘러간다고 생각하니 조금은 슬프다. 어떻게 하면 지금 이 순간을 조금 더 뚜렷하게 살아낼 수 있을까?

수업이 끝난 뒤, 과제를 마친 뒤, 혹은 길을 걷다가 문득 멈춰 서서 오늘 하루를 돌아보는 연습을 해보려 한다.

"나는 오늘 어떻게 살았는가? 지금 이 순간은 어떤 느낌인가?"

이 질문을 하루에 한 번이라도 던질 수 있다면, 아주 조금은 다르게 하루를 기억할 수 있을 것 같다.

주말에도 온전히 쉬다가 한 번쯤은 '오늘 내가 어떻게 보냈는가, 남은 시간은 어떻게 쓰고 싶은가'를 스스로에게 물어야겠다. 그런 의식적인 시간이 쌓인다면, 그만큼 삶을 덜 낭비하고 가치 있는 하루가 될지도 모른다.

시간의 속도는 절대적인 것이 아니다.

내가 얼마나 '지금 이 순간'을 인식하고 있는가에 따라, 똑같은 하루라도 더 길게 느껴질 수 있다. 어쩌면 이것이야말로 진짜 의미의 '가치

있게 사는 법'일지도 모른다.

요즘은 조금 더 자주 멈춰 서서 '지금'을 바라보려 한다.

바쁜 하루 속에서도 잠시 멈춰 자신에게 말을 건네는 일이야말로 시간을 더 깊게 살아내는 방법이 아닐까 생각한다. 언젠가는 지금 이 시절도 돌아보게 될 날이 오겠지만, 그때 "그래도 꽤 잘 느끼며 살았지" 하고 말할 수 있도록 매일매일의 의미와 가치를 심어 가려 한다.

대학에서 만난 철학

달걀 장사 할머니의 품격

　왕징의 책《철학의 즐거움》에는 베이징 근교 용경협에서 달걀을 파는 한 할머니 이야기가 나온다.

　어느 해 12월, 왕징은 아들과 함께 이곳을 찾았다. 추운 날씨에도 달걀을 팔기 위해 나온 상인들 중 한 할머니의 달걀만 유난히 잘 팔리지 않았다.

　왕싱은 그런 할머니가 안쓰러워 달걀을 사면서 거스름돈을 받지 않았다. 아들이 왜 거스름돈을 받지 않느냐고 묻자 그는 "추운 날씨에도 나와서 고생하시는 분께 드리는 작은 마음"이라고 답했다.

　하지만 그가 숙소로 돌아왔을 때, 뜻밖에도 그 할머니가 그를 기다리고 있었다.

　할머니는 왕징이 남겨 둔 거스름돈을 손에 꼭 쥔 채, 차가운 바람 속에서 두 시간 넘게 서 있었다. 경비병의 말에 따르면, 할머니는 왕징이 반드시 돌아올 것이라 믿고 기다렸다고 했다. 그 순간 왕징은 숙연해질 수밖에 없었다.

　왕징이 할머니에게 베풀고자 했던 것은 동정이 아니었다. 그저 진심

어린 마음에서 우러난 작은 선의였다. 하지만 할머니에게 그 작은 도움은 전혀 다른 의미로 받아들여졌다. 왕징에게는 작은 선물이었을지 몰라도, 할머니에게는 응당 돌려줘야 할 돈이었다.

그녀는 그 부당한 차익을 받아들이지 않았다. 오히려 손수 거스름돈을 돌려주기 위해 자리를 박차고 일어섰다. 그 행동은 가난 속에서도 자신의 인격을 지켜 내려는 강한 자존이 담겨 있었다.

왕징은 이 일화를 마무리하며 이렇게 썼다.
"모든 인간은 고귀하고 평등하며, 다른 사람의 인격을 침해해서는 안 된다"

왕징 역시 할머니를 무시하려는 의도는 전혀 없었고, 북적이는 시장 속에서 할머니가 자신을 찾아올 것이라 생각하지 못했다.

그 무심함 속에 이미 무의식적인 선입견이 스며 있었던 것이다. 그는 할머니가 굳이 거스름돈을 돌려주려 하지 않을 거라 여겼고, 그 생각 자체가 할머니의 인격을 존중하지 못하는 태도였던 것이다.

나는 이 이야기를 읽으며 왕징을 비판할 마음보다, 오히려 그 따듯한 마음과 함께 할머니의 존엄에 감동했다. 사람은 누구나 삶이 힘들 때 자신에게 관대해지기 쉽다.

'이 정도는 괜찮겠지' 하며 스스로의 기준을 조금씩 낮춘다. 그러나 그 할머니는 가난과 추위 속에서도 자신의 인격만큼은 결코 가난하게 내버려두지 않았다. 자신에게 떳떳하기 위해, 추위 속에서 두 시간을 기다렸다.

　나 역시 그 장면이 내게 깊은 울림으로 남았다. 고등학교 시절 친구들에게 밥을 얻어먹은 적이 있다. 그때는 어쩔 수 없다고 생각했지만, 정중히 사양했더라면 마음이 조금은 편했을 것이다. 그때의 나는 내 안의 기준과 타협했고, 그렇게 순간순간 스스로에 대한 평가를 조금씩 낮추었다.

　사람은 이런 작은 자기 타협들이 쌓여 자신을 점점 작게 만든다. 그리고 낮아진 자존이, 인생의 중요한 선택들에도 영향을 미친다.

　그래서 달걀 할머니의 신댁이 더욱 존경스럽다. 그분은 남에게 보이기 위한 정직이 아니라, 자신에게 부끄럽지 않은 정직을 택했다. 삶의 품격은 결국 누가 보든 보지 않든, 내 안의 인격을 스스로 지켜내는 순간에서 완성된다고 생각한다.

　나도 그분처럼, 자꾸 편한 길로 타협하려는 나를 넘어 자신에게 떳떳한 선택을 하는 사람이 되고 싶다. 그렇게 기준을 지키는 순간들이 쌓일 때, 내 삶도 조금은 더 떳떳해질 것이다.

그냥 하자

사람들은 계획이 체질에 맞느냐 아니냐를 종종 이야기한다. 계획이 있으면 하루를 좀 더 체계적이고 효율적으로 보낼 수 있고, 더 많은 일을 해낼 수 있다.

나는 계획의 중요성을 알고 있으면서도 계획을 잘 세우지 않고, 세우더라도 금세 잊어버리는 일이 반복된다. 가끔은 '나는 의지가 약한 사람인가?' 하는 생각이 스치기도 한다.

운동도 마찬가지이다. '이번에는 진짜 해야지' 하면서 하루, 이틀 열심히 하지만 며칠 지나면 또 흐지부지 된다.

피부 관리나 방 정리 역시 비슷하다. 계획이 있으면 훨씬 효과적이라는 것을 알면서도 꾸준히 실천하는 일이 쉽지 않다.

매일 운동을 하고, 자신만의 루틴을 꾸준히 지키는 친구들은 도대체 어떻게 해내는지 궁금했다. 몇몇 친구들에게 물었을 때 돌아온 대답은 의외였다.

"솔직히 나도 귀찮아. 그래도 그냥 해."

그 말은 묘하게 내 마음에 오래 남았다. 하기 싫어도 몸을 움직인다는 그 단순함이 나에겐 낯설게 느껴졌다.

나는 늘 핑계를 찾는 데 능숙했다. '오늘은 몸 상태가 안 좋아서', '지금은 시간이 애매해서'라며 하지 않을 궁리만 했다. 하지만 꾸준히 해내는 친구들은 그런 틈도 주지 않았다. 이미 몸이 움직이고 있었기 때문이다.

누군가가 "남자는 헬스장 가기 전에 고민하지 말아야 해. 그냥 가는 거야."라고 말했다. 처음에는 웃음이 나왔지만 곱씹어 보니 일리가 있었다.

복잡한 마음이 있더라도 하루는 단순해야 한다. 해야 할 일이 있다면 그냥 해 버리면 된다는 생각이 들었다.

돌아보면 나도 그런 적이 있었다. 수험생활 때 공부를 하고 싶어서 한 건 아니었다. 하기 싫어도 미루지 않고 그저 해야 했기에 했다. 그 단순한 꾸준함이 결국 나를 이곳으로 이끌었다. 그때의 단순함의 힘과 반복의 에너지를 잊고 있었다는 것을 깨달았다.

요즘은 그 마음을 다시 떠올리며 해야 할 일들을 '그냥 하는 일'로 바꾸려 노력하고 있다. 운동이든, 피부 관리든, 자리 정돈이든, 귀찮음이 떠오르기 전에 먼저 몸을 움직이려 한다. 몸이 움직이면 마음도 자연히 따라오는 법이다.

물론 아직 완벽하지는 않다. 며칠 하다가 흐트러지기도 하고, 계획을 써 놔도 잊는 날이 많다. 그래도 예전처럼 스스로를 자책하지 않는다. 이 모든 과정이 습관을 만들어 가는 과정이라 믿으며 다시 시작한다.

예전에는 '매일 해야 한다'는 강박에 시달렸지만, 지금은 '매일 조금이라도 하려는 마음을 유지하는 것'이 더 중요하다고 느낀다. 조금 흔들려도 다시 돌아오는 힘, 그것이 진짜 꾸준함이고 자기관리가 아닐까 생각한다.

자기관리는 그런 단순한 삶의 리듬에서 시작되는 것일지도 모른다. 귀찮아도 일단 움직이고, 불필요한 망설임을 줄여 단순하게 생활하려 한다.

언젠가는 해야 할 일을 그냥 해내는 사람이 되고 싶다. 그런 사람이 되는 길은 아주 평범한 오늘을 꾸준히 지키는 것에서부터 시작될 것이다.

삶의 격

《삶의 격》이라는 책을 읽었다. 책은 '존엄성'이라는 주제를 중심으로, 인간의 삶에서 그것이 어떻게 드러나고, 훼손되는지를 탐색한다. 그중에서도 가장 먼저 내 시선을 붙잡은 부분은 '자신에게 거짓말하기'였다.

스스로를 속인다는 건 어떤 의미일까. 내 생각을 알고 있고 거짓말을 하는 순간 그것을 자각할 텐데, 과연 나를 속이는 일이 가능할까?

하지만 곰곰이 생각해 보면, 사람은 언제든 자신을 속일 준비가 되어 있는 존재다. 나 역시 예외는 아니었다.

책에서 말하는 '삶의 기만'은 자아상을 왜곡하는 거짓말이다. 자신의 능력을 과대평가하거나, 실수를 지나치게 자책하거나, 예상과 다른 결과를 인정하지 못하는 태도 등이 여기에 포함된다.

할 일을 미루며 '해야 하는데…' 하고 괜히 죄책감을 느끼는 척하거나, 하지 않은 일을 했다고, 했던 일을 하지 않았다고 스스로에게 되풀이해 말하는 행동도 마찬가지다.

이러한 자기기만은 대부분 타인을 속이기 위한 준비로 시작된다. 하지만 결국 자신을 속이는 데 더 익숙해진다. 작가는 자기기만이 인간의 존엄을 무너뜨리는 주요 원인 중 하나라고 말한다.

여기에 한 가지를 더 덧붙이고 싶다. 많은 사람들이 가장 흔하게, 또 가장 깊게 빠지는 자기기만은 아마 핑계일 것이다.

발표를 앞두고 "괜찮아, 떨리지 않아."라고 스스로를 다독이는 것은 긍정적인 자기암시다. 하지만 아무 준비도 하지 않으면서 "내가 하기 시작하면 잘하지."라고 생각하는 건 전혀 다르다. 이런 확신에는 근거가 있다. 과거의 한두 번의 성공 경험이 지금의 자신을 안심시키는 것이다. 그렇게 일을 계속 미루고, 결국 그 잘할 기회조차 오지 않는다.

"최선을 다했는데 결과가 안 좋았어."
"나는 왜 이렇게 운이 없을까."
이런 말들은 스스로를 위로하는 척하면서도, 책임의 무게를 슬며시 외부로 돌린다. 운을 탓하는 순간, "내가 잘못한 건 아니다."라는 전제가 생기고, 결국 변화나 성장의 가능성은 멈춘다.

사실 나는 이 두 가지 기만을 너무나 잘 알고 있다. 그것이 내 일상이기 때문이다. 해야 할 일을 미루며 "내일 하면 되지."라고 나를 속였다. 하지만 내일이라는 시간은 현실에 존재하지 않는다. 모두가 오늘

대학에서 만난 철학

을 살아간다.

결국 미루는 사람은 '언젠가'라는 모호한 시간 속에 갇힌다.

"운이 없었다."는 말도 습관처럼 쓰는 말이다. 물론 길을 걷다 물벼락을 맞는다면 누구나 "운이 없네."라고 말할 수 있다.

하지만 그조차 스스로의 관찰력의 부족으로 여기고 배움으로 삼으면 된다. 운을 탓하면 불운은 반복되고, 경험을 돌아보면 배움이 생긴다.

나는 늘 남 탓을 하지 않는 사람이라고 생각했고 그렇게 믿었다. 항상 문제의 원인을 나에게서 찾는다고 생각했다. 그러나 잘못된 생각이었다.

그 대상이 사람이 아니라 운이었을 뿐, 항상 운을 탓하고 있었다. 그건 결국 책임을 교묘히 회피하는 방식일 뿐이었다.

이제는 그런 나를 더 이상 용납하지 않으려 한다. 운이 없다고 느껴질 때마다, 나를 위해 애써 준 사람들을 떠올리려 한다. 넘어져도 손을 내밀어 준 이들, 말없이 응원해 준 이들의 존재를 생각하면 운이 없다는 말을 더 이상 할 수 없다.

《삶의 격》에 나오는 구절이 문득 떠오른다.

"존엄성이란, 자신을 속이지 않으려는 노력에서 비롯된다."

거짓말은 언제나 달콤하다. 그리고 달콤한 만큼 독이 된다. 특히 자신에게 하는 거짓말만큼 강력한 독은 없다.

오늘도 스스로에게 묻는다.

"지금의 나는, 나 자신에게 솔직한가?"

"오늘을 있는 그대로 바라보고 있는가?"

꾸준함의 의미를 배운 시간

초등학교 5학년 때부터 본격적으로 공부를 시작했다. 학원은 다니지 않았지만, 학교에서 배우는 내용을 문제집으로 스스로 익혔다. 초등학교를 졸업할 무렵에는 중학교 내용을 미리 예습하며 새로운 배움에 설렜다.

특히 수학을 좋아했다. 문자식이 처음 등장했을 때는 마치 새로운 세계를 여는 느낌이었다. 중학교에 들어가서는 정말 열심히 공부했다. 시키지 않아도 방학에는 하루 8시간씩 공부했고, 영어 교과서 본문을 통째로 외우며 수학 문제도 꾸준히 풀었다.

시험공부를 특별히 하지 않아도 평균 90점을 넘겼고, 그런 결과에 스스로 만족했다. '이렇게만 하면 고등학교, 나아가 대학도 어렵지 않겠지.' 그때는 그렇게 믿었다.

고등학교 1학년 첫 중간고사에서 수학 성적을 1등급을 받았을 때, 그 믿음은 더욱 확고해졌다. 그러나 이후 성적은 빠르게 떨어졌다. 수학과 영어는 물론 다른 과목까지 무너졌다.

이유는 분명했다. 중학교에서 하던 공부법을 그대로 했기 때문이다. 공부가 안 풀릴 때면 아예 손을 놓는 습관도 문제였다.

중학교 시절의 나는 머리 좋은 아이로 불렸다. 하지만 고등학교에서는 그것과 거리가 멀었다. 사실 나는 공부를 좋아하지 않았다. 다만 조금만 하면 노력보다 좋은 성적이 나왔기에 했던 것뿐이었다.

고등학교에서는 양이 훨씬 많아졌고, 나는 그 변화에 적응하지 못했다. 다른 친구들이 꾸준히 공부할 때, 기분에 따라 하루 종일 공부하거나 아무것도 하지 않았다. 그때는 공부에서 가장 중요한 건 양보다도 꾸준함이라는 것을 몰랐다.

결국 고1 기말고사 이후 내신은 포기했다.

'수능으로 대학 가면 되지'라고 생각했지만, 모의고사 성적은 기대만큼 오르지 않았다. 아무리 해도 점수가 오르지 않자 좌절감이 컸다.

그때 느꼈던 무력감은 단순히 성적 때문이 아니었다. 마음만 먹으면 언제든 할 수 있다고 믿어왔던 '나 자신'이 흔들리는 느낌이었다.

그럼에도 나는 완전히 포기할 수 없었다. 힘든 시기마다 옆에서 나를 믿어 주고 도와주는 사람들이 있었기 때문이다. 그분들의 응원 덕분에 다시 일어설 수 있었고, 흔들릴 때마다 손을 잡아주는 사람이 있었다.

그렇게 끝까지 버텼고, 수능을 마치고 대학에 합격했다. 하지만 거기서 멈추지 않았다. 나를 더 성장시키기 위해 다시 한번 도전했고, 그

대학에서 만난 철학

끝에 이 자리에 올 수 있었다.

반수의 과정은 쉽지 않았다. 공부뿐 아니라 외로움과의 싸움이었다. 매일같이 책상 앞에 앉지만 아무것도 쌓이지 않는 것 같은 그 시간이 가장 버거웠다.

그 시기를 지나오며, 지금 막막함을 느끼는 누군가에게 꼭 전하고 싶은 말이 있다. 지금 아무리 공부가 버겁고 의미 없어 보여도, 내일의 나를 믿기 어려워도, 오늘의 나는 움직일 수 있다.

사람은 의미 없는 반복을 가장 견디기 힘들어한다. 하지만 공부는 결코 헛된 삽질이 아니다. 매일 나의 약점을 점검하고 조금씩 나아가는 그 과정은 분명히 쌓인다. 지금은 보이지 않아도 장기적인 안목으로 봤을 때는 그렇다.

미래는 늘 불확실하다. '이게 무슨 의미가 있을까?'하는 생각이 드는 것도 자연스럽다. 그럴수록 자기 자신을 믿어야 한다. 그 믿음이 결국 나를 다시 움직이게 만들고, 다시 한 번 책상 앞에 앉게 한다.

재수할 때 학원에 다니지 않았다. 인터넷 강의로 혼자 공부했다. 스스로를 믿지 못하니, 노력하면서도 공허했다. 왜 하는지, 어디로 가는지 모르겠다는 생각이 들었다.

그럼에도 손을 놓지 않았다. 끝까지 해냈고, 끝내 합격했다. 처음 합격증을 받았을 때는 기쁘기보다는 실감이 나지 않았다. 여전히 이 자리가 내게 과분하게 느껴진다. 그래서 더욱 감사하고, 그 감사함을 더 나은 나로 살아가며 보답하고 싶다.

'매일 공부하라'는 말은 누군가를 위한 조언이 아니라, 내가 나에게 매일 들려줘야 할 말이다. 나는 아직도 완성된 사람이 아니다. 부족한 점도 많다. 하지만 매일 하루를 성실히 살아가는 것, 그 루틴을 지켜가는 것이 나를 여기까지 끌어온 힘이다.

나의 이야기가 누군가에게 위로가 되길 바란다. 지금도 조용히 자신의 자리에서 버티고 있는 모든 이들에게, 그 길을 묵묵히 걸어가고 있는 이들에게, 진심으로 응원의 마음을 전한다.

그때 알았더라면

중학교 때, 가볍게 우울증을 앓았다. 그게 우울증이었다는 사실은 한참 뒤에야 알게 됐다. 감정이 사라진 상태라기보다는, 무기력함 속에 잠긴 시기였다.

하고 싶은 게 아무것도 없었고, 하루 일곱 시간씩 바닥에 누워 아무것도 하지 못하던 날들이 반복됐다.

그때 가장 많이 했던 생각은 이랬다.

"공부를 이렇게까지 하기 싫어하는 내가, 대학에 가도 괜찮을까? 대학은 정말 가고 싶지 않은데."

결론부터 말하면, 대학에 오고 나서 오히려 괜찮아졌다. 아니, 대학에 와서 처음으로 공부를 좋아하게 되었다.

솔직히 말하면, 대학 공부는 고등학교 공부보다 쉽다. 내용은 깊고 어려워졌지만, 양은 줄어들었고, 시험도 단순 암기나 꼬인 문제 풀이보다는 이해한 내용을 얼마나 내 것으로 만들었는지를 본다. 수업을 잘 따라가고 기본만 지켜도 감당할 수 있다.

무엇보다 고등학교처럼 같은 내용을 달달 외워야 하는 입시를 위한 공부가 아니다. 공부 외에도 할 일이 많고, 스스로 책임져야 할 일들도 많다. 아르바이트를 하며 용돈을 벌기도 하고, 시간을 조율하며 공부하는 것 자체가 하나의 생활이 된다.

물론 학점을 잘 받으려면 여전히 공부의 비중이 커야 한다. 하지만 고등학교 때처럼 숨 막히는 방식은 아니다.

이런 이야기들은 사실, 대학에 와 보지 않으면 알 수 없는 일들이다. 막연한 불안과 상상만으로 "대학은 무슨 소용인가" 하고 포기하거나 외면하던 시절이 나에게도 있었다.

지금 돌아보면, 그건 여우의 신포도였다. 포기는 언제든 할 수 있지만, 그 길 끝에 가서 해도 늦지 않다. 아직 가보지 않은 길을 향해 미리 실망하거나 두려워하지 않았으면 좋겠다.

나 역시 처음엔 모든 것이 낯설고 두려웠다. 계획적인 사람도 아니었고, 등록금을 제때 못 낸 적도, 수강 신청을 놓친 적도 있었다.

과제 제출 마감일을 지나치기도 했다. 그런 실수들조차도 하나의 성장 과정이었다. 두려움보다 자유가 커질 때, 대학 생활은 진짜로 즐거워진다.

사실, 대학에 가기 전의 나는 대학은 싫은데, 가야만 한다는 현실이 너무 괴로웠다. 나처럼 대학이 막연하고 부담스러웠던 사람들에게, 이런 이야기가 위로로 들리면 좋겠다.

대학 생활은 생각보다 훨씬 부드럽고 따뜻하다. 햇볕 좋은 오후, 캠퍼스를 걷다 보면 괜히 기분이 좋아진다. 그 길에는 나 말고도 수천 명의 학생들이 함께 걷고 있다. 그들 속에 섞여 있다는 사실만으로도, 묘한 소속감이 생긴다.

대학교는 스스로 시도하는 사람을 격려하는 곳이다. '창의 플랫폼' 같은 행사, 학과의 심화 스터디, 자율 연구 모임 등, 학생들이 스스로 무언가를 만들어 보는 기회가 많다.

열심히 하려는 학생들에게는 길이 열려 있고, 그들은 주어진 기회를 붙잡으려는 열의도 크다. 무엇보다 생각의 기준이 높아, 더 멀리, 더 넓게, 더 깊게 보고자 한다.

사람은 결국, 자신이 보는 만큼 성장한다. 높은 곳을 보고 싶다면, 그 공기 속에 들어가야 한다. 그곳 사람들, 그들의 시선, 그들의 기준을 체험해야 한다.

대학에 오기 전에는 상상도 못 했던 많은 것들을 배워가고 있다. 물론 두려움이 아예 없는 건 아니다. 하지만 막상 와 보면, 그 두려움은 대부분 기우에 불과하다.

가능하다면 더 높은 곳을 향하길 권하고 싶다. 그건 단지 '좋은 간판' 때문이 아니다. 더 높은 기준과 더 넓은 선택지를 경험해 보는 기회이기 때문이다.

고등학교 시절에 이런 이야기를 알았더라면, 조금은 덜 불안해하고, 덜 두려워했을지도 모른다. 늦게나마 알게 되었기에, 지금은 사회를 향한 불안도 예전보다 덜하다.

고등학생들에게 "사회에 나가 내가 할 수 있는 게 없을까 봐 걱정하지 말라"고 꼭 말해 주고 싶다. 그저 지금은 기본을 쌓고, 자신을 단련하는 시간이라 생각하면 된다. 그 마음 하나만 있다면 충분하다.

자존감의 중심에 서라

중학교 시절의 나는 눈치 없는 아이였다. 다른 사람과 어울리는 방법을 몰랐고, 무심코 던진 나의 말이 다른 이들에게 상처가 되기도 했다.

그렇지만 점점 사람들과 잘 지내고 싶다는 마음이 생기면서, 나는 내 행동을 하나씩 돌아보기 시작했다. 말투를 바꾸고, 표정을 조절하고, 상황에 따라 내 감정을 적절히 표현했다.

그렇게 노력하나 보니 관계도 조금씩 나아지고, 친구들도 사귈 수 있었다.

그런 변화의 이면에는, 말하지 못했던 어려움이 있었다. 타인에게 맞추기 위해 나 자신을 점점 더 낮추기 시작한 것이다. 상대가 불편해하지 않도록, 나를 불편하게 만드는 일이 있어도 웃으며 넘겼다. 주변을 의식하느라 나를 돌보지 못했다.

어린 시절의 나는 그와는 정반대였다. 초등학교 때까지는 타인의 시선을 거의 의식하지 않았다. 씻는 것도 귀찮아했고, 다른 사람을 불편하게 만드는 행동을 하면서도 크게 개의치 않았다.

중학교에 올라와 관계의 중요성을 알게 되고 달라지려 했다. 그러나 그 변화에 너무 많은 단계를 한꺼번에 건너뛰다 보니, 오히려 사람을 지나치게 신경 쓰게 되었다.

참 극단적이었다. 타인을 전혀 고려하지 않아서 문제였고, 너무 신경 써서 또 문제가 되었다. 늘 중심을 잡지 못한 채, 양쪽 끝을 오가고 있었다.

고등학생이 되고 나서는, 머리를 감지 않으면 집 앞 편의점에도 나가지 못할 정도였다. 누가 뭐라고 하는 것도 아닌데, 내겐 큰 일처럼 느껴졌다. 길거리를 지나는 모든 사람들이 나만 보고 있는 것 같았다.

사람들은 그런 모습을 자의식 과잉이라 말한다. 하지만 내가 나를 과하게 좋아해서 그런 게 아니라, 스스로에 대한 확신이 없었기 때문이었다.

겉으로 드러나는 모습은 사소해 보이지만, 그 밑바탕에는 자존감이라는 더 큰 문제가 자리하고 있다. 자존감이 낮으면, 어떤 상황에서 어떻게 반응해야 할지도 모른다.

화를 내야 할 때 참게 되고, 거절해야 할 때 웃으며 받아들이게 된다. 그 과정에서 경계는 무너지고, 자신을 지키는 일은 뒤로 밀린다.

나는 오랫동안 자존감이 낮은 상태를 겸손이라고 착각하며 살았다. 겸손은 자기 자신을 존중하는 마음에서 비롯된 태도다. 반면 자존감이 낮은 사람의 겸손은 자기비하에 가깝다.

그런 겸손은 결국 상대에게 비굴함으로 비춰지기도 한다. 그 시절의 나는 타인에게 오만해 보이지 않기 위해, 나를 계속 낮추며 행동했다. 겉으론 부드럽고 조심스러운 사람처럼 보였을지 몰라도, 내면은 점점 피폐해지고 있었다.

'그래도 오만한 것보단 낫지 않나?'
그땐 그렇게 생각했다. 이제는 스스로를 존중하지 않는 태도는 타인에게도 존중받지 못한다는 것을 안다. 자신을 무시하는 사람은 남에게도 쉽게 무시당한다.
예를 들어, 내가 누군가에게 일을 맡긴 입장인데도, 오히려 도움을 받는 사람처럼 행동할 때가 있다. 실제로 내 지인은 세무사에게 돈을 주고 일을 맡기면서도, 제대로 검토하거나 피드백을 주지 못했다.
업무 처리가 미흡해 불만족스러웠지만, 막상 요구를 하려니 괜히 미안한 마음이 먼저 들었던 것이다.

사람들은 겸손한 사람을 좋아한다. 하지만 자신을 계속 깎는 사람, 자존감이 낮은 사람을 오래 존중해 주지는 않는다. 관계는 눈에 보이지 않지만 균형이 있어야 한다.
자존감이 낮은 사람은 그 균형을 지키기 어렵고, 결국 관계는 금이 간다.

중학교 2학년 때, 나에게도 그런 일이 있었다. 친구들과 잘 지내고 싶다는 생각에, 누가 물을 끼얹어도, 머리에 분필가루를 뿌려도, 웃으며 넘겼다. 그땐 장난이라고 생각했지만, 어느 날 문득 혼자 남았을 때 이런 생각이 들었다.

"나는 장난감인가?"

싫다고 말했어야 했다.

한번은 용기를 내어 나에게 장난을 많이 치던 친구에게, 똑같이 해 봤다. 그 친구는 오히려 웃었다. 그에게는 그것이 친근함의 표현일 뿐이었던 것이다. 하지만 다른 친구들은 달랐다. 화를 내며 하지 말라고 했다.

나는 그 친구들에게 사과를 했고, 친구들은 내 사과를 받아 주었다. 솔직한 태도가 오히려 더 존중받는 관계를 만든다는 걸 그때 알았다.

자존감이 낮은 사람은 '싫다'는 말을 하지 못한다. 그 결과, 상대는 무의식중에 그 사람에게 선을 넘는 행동을 하고, 시간이 지나면 나쁜 사람이 된다.

자존감은 그저 나의 감정을 위한 것이 아니라, 관계를 지키기 위한 울타리이다.

"이 친구는 정말 내가 못난 사람이라 생각할까, 아니면 내가 괜히 그렇게 느끼는 걸까?"

어느 쪽이든 관계엔 좋지 않다. 상대가 정말 나를 무시하고 있다면, 그 관계는 더 이상 지속돼서는 안 된다. 반대로 내가 피해의식에 젖어 그렇게 느낀다면, 그건 내가 병들고 있다는 신호다.

피해의식에 사로잡힌 사람은 자기연민에 빠져 곁에 있는 사람에게까지 불편함을 준다. 사람들이 점점 거리를 두게 되고, 그 사람은 더 깊은 외로움에 갇힌다. 그 고리를 끊지 못하면 삶 전체가 무기력해진다.

이미 무너졌다면 혼자 버티지 말고, 주변에 도움을 요청해야 한다. 가끔은 사소한 조언 한 마디, 따뜻한 한 사람의 반응이 자존감을 다시 일으켜 세운다.

사회 속에서 살아가기 위해선 어느 정도 타인의 반응을 의식할 필요도 있다. 그 과정에서 고칠 건 고치고, 지켜야 할 나를 지키며 살아가는 것. 그게 자존감 있는 삶이라고 생각한다.

철학노트

#4 자유

자유는 누구나 바라는 가치이지만, 어려운 개념이다. 종종 자유를 '하고 싶은 대로 하는 것'으로 이해한다. 자유란 그렇게 단순한 의미가 아니다.

진정한 자유란 방종이 아니라, 스스로 선택한 삶의 결과에 책임질 수 있는 능력이다. 자유는 가벼운 권리가 아니라, 무거운 책임이다. 그 책임을 받아들일 때 비로소 자유는 의미를 갖는다.

에리히 프롬 - 자유로부터의 도피

에리히 프롬은 현대인의 불안을 '자유의 역설'로 설명했다. 인간은 자유를 갈망하지만 동시에 두려워한다. 선택의 책임이 불안을 낳기 때문이다. 그래서 사람들은 종종 누군가의 기준 속으로 피신하며 안정을 구한다.

그는 말했다. "자유는 외로움을 동반한다." 그 외로움을 견디는 자만이 진짜 자유를 누릴 수 있다. 불안은 자유의 그림자이자 성장의 증거다. 자유를 감당한다는 것은 불안을 피하지 않고, 그 속을 뚫고 나아가는 용기다.

한나 아렌트 - 시작해야 자유롭다

아렌트는 "인간은 시작할 수 있기 때문에 자유롭다."고 말했다. 그녀에게 자유는 단순한 상태가 아니라, 새로운 일을 '시작할 수 있는 능력'이었다. 자유는 가능성이 아니라, 현실 속에서 행동으로 드러나는 결과물이다.

두려움 속에서도 한 걸음을 내디딜 때 비로소 자유는 실현된다. 생각만으로는 자유롭지 않다. 자유는 사유의 결과가 아니라, 행동으로 옮겨질 때 완성된다.

토크빌 - 자유는 참여 속에서 유지된다

토크빌은 《미국의 민주주의》에서 자유를 혼자 누리는 권리가 아니라 함께 지켜야 하는 질서로 보았다. 그는 시민이 스스로 결사하고 토론하며 공공 문제에 참여할 때만 자유가 지속된다고 지적한다.

자유는 제도만으로 굳건해지지 않는다. 참여, 서로 다른 의견을 견디는 관용의 문화, 공동의 선을 향한 문화가 뒷받침될 때 비로소 오래 유지된다.

자유를 사랑한다면, 투표와 토론, 지역의 작은 협동부터 시작해야 한다.

루소 - 공동의 선을 추구할 때 자유롭다

프랑스 철학자 루소는 《사회계약론》에서 "인간은 태어날 때 자유롭지만, 어디서나 쇠사슬에 묶여 있다"고 말했다. 그는 자유를 잃은 인간의 모순된 현실을 지적하며, 진정한 자유는 공동체의 '일반의지' 속에서 가능하다고 했다.

개인의 자유와 사회의 질서가 충돌할 때, 루소는 둘의 조화를 추구했다. 자유는 개인의 욕망이 아니라 공동의 선(善)을 향할 때 유지된다.

우리는 완전히 혼자 자유로울 수 없으며, 함께 자유로워야 한다. 루소가 말한 자유의 본질은 공동체적 자율이다.

존 스튜어트 밀 - 타인의 자유를 침해하지 않는 자유

존 스튜어트 밀은 《자유론》에서 자유의 한계를 명확히 했다. 그는 "타인의 자유를 침해하지 않는 한, 모든 자유는 허용된다"고 말했다. 개인의 자유는 사회의 도덕적 틀 안에서 존중되어야 한다는 것이다.

밀은 특히 "사상의 자유"를 중요하게 보았다. 생각과 표현의 자유가 억압되는 사회는 발전할 수 없다고 했다. 그의 자유는 단순한 개인적 권리가 아니라, 인간의 진보를 위한 조건이었다. 자유로운 사회일수록 다양한 의견이 충돌하고, 그 충돌이 지혜를 낳는다.

자유란 책임을 동반하는 선택의 힘이다. 자유는 결과보다 태도다. 자유는 권리가 아니라, 책임을 감당하려는 용기에서 비롯된다.

우리는 자유를 가장 강하게 갈망하면서도, 동시에 가장 쉽게 잃어버린다. 선택의 폭이 넓어질수록 책임의 무게도 커진다.

자유는 무게를 짊어지는 순간에만 가치가 생긴다. 아무 책임도 지지 않는 자유는 허상이다. 진정한 자유는 결과를 받아들이는 용기, 그리고 다시 선택하여 책임질 수 있는 힘이다.

"자유의 가치는 무엇인가?"라는 질문에 대한 대답은 이렇다. 자유의 가치는 책임이다. 책임을 기꺼이 감당할 수 있을 때, 인간은 비로소 자유롭다.

누구도 대신 선택해 줄 수 없고, 대신 살아 줄 수도 없다. 내가 나의 삶을 선택하고, 그 결과를 온전히 감당할 때, 그때 우리는 자유로워진다.

5장

철학으로 성장하다

나를 단련시킨 책들

　중학교 시절, 나는 공부가 지독히도 하기 싫었다. 시험이 끝난 날이면 마치 다시는 공부하지 않겠다는 결심이라도 한 듯, 책가방을 벗어 던지고 바닥에 누워 시간을 흘려보내곤 했다.

　그 시간이 곧 자유였고 해방처럼 느껴졌지만, 동시에 어떤 공허함도 함께 찾아왔다. 그렇게 오래 무기력하게 있을 수는 없었기에, 나는 무언가 할 거리를 찾아 나섰다. 그중 하나가 책 읽기였다.

　학교 도서관에서 빌려 온 소설을 읽었다. 그러다 집에 쌓여 있던 책장 앞에도 자연스레 손이 갔다. 꼭 누가 권하지 않아도 페이지를 넘기다 보니 어느새 시간은 빠르게 흘러갔다.

　당시에는 그저 심심함을 달래는 용도였지만, 지나고 보니 그 책들 중 몇 권은 내 사고방식에 작은 변화를 주었다. 지금도 누군가가 좋아하는 책이 무엇이냐고 물으면, 그 시절에 읽었던 책들 중 하나를 고르게 된다.

　그중에서도 칼 뉴포트의 《열정의 배신》은 유독 강한 인상을 남긴 책이다. 이 책은 흔히 듣던 "좋아하는 일을 찾아라"는 조언과는 정반대의 메시지를 전한다. '열정만으로 일에 뛰어들면 실패할 수 있다'는 것, 그리고 '열정은 능력을 쌓고 난 후 따라오는 결과'라는 주장이 책의 핵심이다.

예를 들어, 요가에 매료된 A양은 자격증을 따자마자 수업을 열지만, 얼마 지나지 않아 문을 닫게 된다. 기술도, 준비도 없이 '열심히 하면 되겠지'라는 믿음만으로 시작했기 때문이다.

반면 B양은 요가에 흥미를 느끼자 먼저 수업을 듣고, 자료를 찾아보며, 업계 사람들과 꾸준히 교류했다. 시간이 지나면서 그녀는 자연스럽게 전문가가 되었고, 결과적으로 성공적인 커리어를 쌓게 된다.

"능력을 먼저 쌓으면 열정은 저절로 따라온다."

처음부터 열정을 찾아 헤매기보다, 능력이라는 기반을 만들다 보면 어느 순간 자신이 좋아하는 일을 발견하게 된다는 것이다.

나는 그 말이 마음에 남았다. 무엇인가에 열정적인 사람이 아니었던 나는, 오히려 늘 무기력한 하루를 보내며 '나에겐 왜 아무 열정도 없을까' 고민하던 중이었기 때문이었다.

이 책에서 내가 주목한 건 '열정만으로는 위험하다'는 경고보다도, '먼저 해 보라, 작게 시작하라'는 메시지였다.

책 속의 말처럼, 아무것도 하지 않으며 '열정이 없어서 문제야'라고 말하는 건 어쩌면 순서가 잘못된 것일지 모른다.

공부에도 이 원리를 적용하려 했지만, 그건 생각만큼 쉽지 않았다. 당시의 나는 공부를 못했던 것도 있지만, 더 큰 문제는 공부 자체에 대한 흥미가 거의 없었다는 점이었다.

오히려 대학에 들어오고 나서야, 공부에 대해 스스로 의미를 부여하고 열의를 느끼게 되었다. 결국 열정은 '준비된 상태'에서 오는 것이란 책의 말이 맞았던 셈이다.

그리고 또 다른 책, 하야마 아마리의 《스물아홉 생일, 1년 후 죽기로 결심했다》는 전혀 다른 방향에서 내게 충격을 주었다.

단칸방에서 외롭게 살아가던 한 사람이 자신의 인생을 바꾸기 위해 라스베이거스에 가서 1년간 번 돈을 모두 쓰고 죽기로 결심한다. 돈을 벌고, 모두 도박으로 날려 버린 후 생을 마감하겠다는 무모하고도 극단적인 계획이었다.

하지만 결과는 의외였다. 전 재산을 탕진하지 못했고, 오히려 5달러의 수익이 남았다. 그 마지막 장면에서 주인공은 허탈하게 웃으며 죽음을 포기한다.

이 책이 실제 이야기인지 소설인지는 중요하지 않았다. 작가의 정체도 모호했고, 이후에 그는 대기업 임원이 되었다는 말도 있는데 어디까지 사실인지 알 수 없었다. 하지만 그런 건 중요하지 않았다. 내게 남은 건 하나였다.

"절박함이란 이런 것이다."

하야마는 스스로를 "뚱뚱하고 못생긴 사람"이라 표현했다. 하지만 시급이 좋은 클럽에서 일하기 위해 살을 빼며 몸을 혹사했고, 낮에는 파견 사원으로 누구보다 빠르게 업무를 끝냈으며, 밤에는 닥치는 대로 아르바이트를 했다.

한겨울에도 얇은 옷을 입고 뛰었고, 과로로 쓰러져 링거를 맞는 장면까지 나온다. 그럴 때마다 나는 내게 묻곤 했다.

"나는 지금 이렇게까지 치열하게 살아가고 있는가?"

내 인생에서 단 한 번도, 누군가처럼 모든 것을 걸고 달려든 적은 없었다. 그런 내가 "힘들다"고 말하는 건 어쩌면 스스로에 대한 기만일지도 모른다.

정말 힘들다는 말은, 모든 걸 걸고도 안 될 때 쓰는 말이어야 하지 않을까.

이제 힘들다는 표현을 쉽게 꺼내지 않으려 한다. 언젠가 모든 것을 걸고, 정말 바닥까지 내려가야 할 때를 위해 그 말을 아껴 두고 싶다.

그렇다고 지금은 스스로를 몰아붙이며 살아가는 것도 아니다. 다만 이런 마음은 갖고 있다.

"최선을 다해야 할 순간이 왔을 때, 후회하지 않도록 지금부터라도 준비하자."

그 생각만으로도 내 삶의 태도는 조금씩 달라졌다.

그 시절 내가 읽었던 책들은 철학서도 아니었고, 인문학 고전도 아니었다. 다만 내 나이와 마음에 맞는 언어로, 삶에 대해 작게나마 통찰을 던져 준 책들이었다.

책을 읽고 뭔가 대단한 깨달음을 얻었다기보다는 그때의 나는 그 책들을 통해 위안을 받았다.

지금 누군가 내게 책을 추천해 달라고 한다면, 나는 아마 그때 읽었던 책들을 꺼낼 것이다.

그 책들이 누군가에게는 다르게 읽히고, 또 다른 위로가 되기를 바라는 마음으로 말이다.

대학에서 만난 철학

성장형 마인드셋

　언젠가 고정형 마인드셋과 성장형 마인드셋에 대해 배운 적이 있다. 고정형 마인드셋은 쉽게 말하면 노력으로 재능을 이길 수 없다고 생각하는 태도이고, 성장형 마인드셋은 부단히 노력하면 재능을 따라잡을 수 있다고 생각하는 태도이다.

　전자처럼 생각하는 사람에게는 성장의 기회가 거의 없다. 노력해 봤자 재능이 있는 사람을 이길 수 있는데 무엇 하러 노력을 하겠는가?

　고정형 마인드셋보다는 성장형 마인드셋이 더 마음에 들었고, 늘 성장형 마인드셋의 태도로 사고하려고 했다.

　무엇이든지 잘하고 싶었다. 성장형 마인드셋은 그런 나에게 동기를 부여해 줬고 학창 시절부터 노래나 그림, 글쓰기 같은 것을 학업과 병행하며 연습했다.

　이 일화의 엔딩이 해피엔딩이었다면 좋았겠지만, 실은 전부 그다지 성공적이지 못했다. 노래나 그림, 글쓰기 모두 5년 전과 비교하여 크게 달라지지 않았다. 오히려 공부에 쏟아야 할 시간만 잃었다.

　성장형 마인드셋은 재능 자체를 부정하진 않는다. 세상에는 분명 재능이 있는 사람들이 있으며, 이를 일반인이 따라잡기 위해서는 많은 노력이 필요하다. 노래에 재능이 없는 내가 노래를 잘 부르기 위해서는 가끔씩 노래방에 가서 노래 연습을 하거나 유튜브를 보며 발성 연습을 해 보는 수준으로는 어림도 없다는 이야기다.

잘하고 싶은 게 많았기에 이것저것 시도해 보면서 공부해야 할 시간에 다른 것을 했다. 그 결과 성적마저 애매한 결과를 맺었다.

이는 성장형 마인드셋이 문제가 되었던 것이 아니라, 성장형 마인드셋에 대해 제대로 이해하지 못하고 당장 잘하고 싶은 것을 닥치는 대로 하려고 했던 내 태도가 문제였다.

내가 진정 무언가를 잘하고 싶다면, 선택과 집중을 통해 한 가지에 대한 능력을 향상시키는 데 온전히 시간을 쏟아야 한다. 나는 당시 공부를 해야만 했던 입장이었기에 노래를 부르는 것이나 그림을 그리는 것을 나중으로 미루고 먼저 공부에 온전히 집중해야 했다.

그런데 공부만 하자니 지루하니까 중간중간 시간을 내어 그림도 그리고 노래 연습도 했다. 결국 반수할 때는 모든 것을 끊고 공부에 집중하였다.

지금도 잘하고 싶은 것이 많다. 오히려 수험생 시절에 비해서 더 많아졌다. 공강 시간에 연습실을 잠깐 대여하여 피아노를 치러 가기도 하고, 체스 공부도 하고 있으며, 서예나 국궁 동아리에도 들어가려고 했다.

여전히 전부 취미 정도로만 하고 있기는 하다. 국궁과 서예는 나중으로 미뤘다. 지금 모든 것을 한 번에 하려고 하면 애매해지기 때문이다.

가끔 겨울에 길을 가다 보면 가로수의 잔가지들을 쳐내고 굵은 가지만 남겨 두는 것을 볼 수 있다. 어렸을 때 왜 나무가 아프게 가지들을 자르는 것이냐고 어머니께 여쭤보았다.

어머니께서는 나무의 굵은 가지에 가야 할 영양분들을 잔가지들이 흡수하여 나무 전체가 죽지 않도록 잘라 주는 것이라고 하셨다. 기르려는 식물들이 잘 자라도록 주변의 잡초를 뽑는 일과 같다.

사람도 마찬가지다. 지금 해야 할 일이 있다면 다른 일들은 모두 잔가지이다. 나무는 먼저 굵은 가지에 영양분을 공급해 주어 위로 잘 자라나고 나서야 잔가지에 영양을 공급하여 무성해진다. 나의 경우도 수험 공부가 굵은 가지였다면 그림, 노래, 글쓰기 등은 모두 잔가지였던 것이다.

앞서 말했듯 이는 내가 잔가지를 쳐내지 못해 발생했던 문제였을 뿐이지, 성장형 마인드셋에 의한 문제가 아니었다. 지금도 성장형 마인드셋으로 살아가고 있다.

지금은 잠시 미뤄 둔 피아노나 그림, 노래 연습 같은 것은 해야 할 공부가 끝나고 어느정도 안정이 되었을 때, 위로 자라기만 한 나라는 나무를 무성하게 만들 수 있도록 하나하나 차근차근 공부할 것이다.

지금은 선택과 집중의 시기이다. 당연히 잘하고 싶은 것들뿐만 아니라 공부 외에 하는 모든 다른 행동들이 다 잔가지이다. 내 삶의 잔가지들을 제대로 쳐내어 위로 더 성장할 수 있도록 해야 한다.

취미 공유

    대학교에 와서 인상 깊었던 점 중 하나는, 사람마다 삶을 즐기는 방식이 뚜렷하다는 것이었다. 공부할 땐 집중하면서도, 쉴 때는 확실히 자신만의 취미나 방식으로 휴식을 누리는 친구들이 많았다.

    연극 동아리에서 무대 위에 서는 친구, 아이스하키 동아리로 연고전에 출전한 친구, 혹은 카페에서 여유롭게 시간을 보내는 친구들까지.

    모두가 각자의 방식으로 시간을 채우고 있었다. 그 모습이 세련되고 멋져 보였다. 그렇지 못한 나와는 조금 다른 세계에서 살아가는 듯한 느낌이 들었지만, 그런 삶의 방식이 늘 인상 깊었다.

    어느 날은 별을 관찰하는 것이 취미라는 친구의 이야기를 들었다. 어릴 적부터 망원경을 들고 빛 공해 없는 산골로 향하곤 했다는데, 듣기만 해도 마음이 맑아지는 기분이었다.

    나는 누군가의 좋아하는 일에 대한 이야기를 듣는 걸 좋아한다. 그 사람의 세계가 고스란히 담겨 있는 느낌이 들어서다. 그런 이야기를 들을 때면 내 안의 세계도 조금 넓어지는 듯하다.

    나는 영화를 좋아한다. 〈포드 V 페라리〉, 〈굿 윌 헌팅〉, 〈인셉션〉,

〈마션〉, 〈말모이〉 같은 영화들은 기억에 오래 남았다. 그중에서도 〈포드 V 페라리〉는 내 인생 영화다.

타협하지 않고 자신과 싸워 가는 주인공의 몰입하는 태도에 감탄했고, 마지막까지 단 한 장면도 허투루 느껴지지 않았다. 영화가 끝나고 한참이 지난 지금도 여운이 남아 있다.

북적이는 곳보다는 공원처럼 한적하고 여유로운 곳이 좋다. 풍경이 좋은 곳에서 시간을 보내는 것이 좋다. 어딜 가든 물이 있는 곳을 찾는다. 물 위에 비친 하늘이나 나무, 빛의 반짝임을 사진으로 남길 때면 마음이 고요해진다.

사진에는 그날의 감정이 담기기 마련이라, 오래 지나 다시 볼 때면 그날의 공기와 기분이 생생하게 떠오른다. 그래서 사진을 찍어 남기려고 한다.

가벼운 운동하기, 노래 부르기, 음악을 들으며 밤 산책을 하는 일도 즐겁다. 피아노 연습실에서 좋아하는 곡을 연주해 보는 것도 좋아한다. 음악으로 시작한 하루는 종일 기분이 좋다.

이런 취미들은 단순한 것이 아니다. 취미는 지친 삶을 위로하고, 일상의 균형을 지켜 주는 존재다. 때론 사람과 사람 사이를 잇는 다리가 되기도 한다. 무엇보다, 내가 좋아하는 것을 다른 사람과 함께 할 수 있어 참 좋다.

이 글을 읽는 당신에게는 어떤 취미가 있는가? 대단한 취미가 아니어도 괜찮다. 혼자만의 방식으로 하루를 기분 좋게 시작하고 마무리할 수 있다면, 그건 이미 훌륭한 취미다.

아직 찾지 못했다면, 그냥 오늘 떠오른 일부터 시작해 보자. 취미는 먼 곳에 있지 않다. 평범한 하루 속 작은 기쁨에서 시작된다.

내가 좋아하는 것

어렸을 때부터 과학을 좋아했다. 정확히는 화학을 좋아했다. 더 정확히 신기한 실험이 좋았다. 물질이 섞이고 반응하며 색이 변하는 그 순간이 그렇게 즐거웠다.

중학교에 올라가기 전, 주기율표를 미리 외워 두면 편하다는 이야기를 듣고 진심으로 설렜다. 그 여름 방학, 나는 원소 주기율표를 통째로 외웠다. 그땐 아직 113번부터 118번까지 인공 원소들의 이름이 정해지지 않아 '우눈펜튬' 같은 가명으로 외웠던 기억도 있다. 이후 그것들이 니호늄, 모스코븀, 오가네손 같은 이름을 갖게 되었을 때, 다시 그 이름들을 외우며 순서를 되새겼다.

그 시절의 나는 그걸 전부 외웠다는 사실만으로도 스스로 꽤 대단하다고 느꼈다. 아이러니하게도, 대학에 입학하기 전까지 주기율표를 제대로 활용한 적은 한 번도 없었다.

그럼에도 나는, 원소들을 조합해 새로운 물질을 만들어 낸다는 사실 자체에 매료되어 있었다. 고등학교에 가면 더 깊고 흥미로운 화학을 배우게 될 줄 알았다.

현실의 화학은 내가 상상한 것과 달랐다. 화학식보다는 결합의 원리, 물질의 성질, 법칙 같은 개념이 중심이었다. 암기보다는 이해가 필요한 공부였고, 추상적인 개념이 많아질수록 점점 더 어렵게 느껴졌다. 예전처럼 흥미롭게 받아들일 수 없었다.

반면 생명과학은 처음부터 기대조차 하지 않았다. 생명과학이라고 하면 곤충부터 배우는 줄 알았고, 나는 곤충을 끔찍이도 싫어했기 때문이다.

수업이 시작되고 나서 생각이 조금 바뀌었다. 세포 안의 화학 반응, 단백질의 결합, 에너지 흐름처럼 화학과 닮은 구조가 보이기 시작했다. 그렇게 생명과학에 점점 흥미를 느꼈다.

물리와 지구과학은 끝내 나와 맞지 않았다. 물리는 수식으로는 명쾌했지만, 현실에서 그 의미가 직관적으로 와닿지 않았다. 예를 들어 F=ma라는 공식은 너무 익숙해서 당연하다고 느껴졌지만, 그 말이 실제로 어떤 의미인지 감이 잘 오지 않았다.

질량에 힘을 가하면 점점 가속도가 붙는다고 설명하면 납득이 되지만, 반대로 질량에 가속도가 붙으면 힘이 된다고 설명하는 것은 도무지 이해되지 않았다. 각운동량, 토크, 질량중심 같은 개념은 더더욱 멀게 느껴졌다. 허공에 모래성을 짓는 듯한 기분이었다.

지구과학도 비슷했다. 자연스럽게 체득한 현상을 과학적으로 설명하려 하니 오히려 더 헷갈렸고, 외워야 할 정보는 너무 많았다. 결국 흥미를 잃었다.

이쯤 되면 나는 당연히 화학이나 생명과학 계열 학과에 진학했을 것처럼 보인다. 그러나 지금 나는 철학을 공부하고 있다. 자연스럽게 과학에 대한 기억은 점점 희미해졌다. 그리고 문득 이런 생각이 들었다.
"나는 정말 과학을 좋아했던 걸까?"
아직도 주기율표를 118번까지 순서대로 외운다. 이제는 그게 단순히 '과학이 좋아서'가 아니라, 그걸 외운 내가 대단해 보이는 사람이라는 것을 자랑하기 위해서였다는 것을 안다.
누군가의 "와, 대단하다"는 말을 듣고 싶어서, 그 기억을 놓지 못했던 것이다. 보여 줄 기회는 거의 없었지만 말이다.

돌이켜 보면 사람은 참 사소한 자극에 쉽게 영향을 받는다. 특히 어린 시절의 경험은 더 그렇다. 누군가의 칭찬 한마디, "넌 이과 체질이야"라는 말, "그게 멋있다"는 시선이 나를 그 길로 이끌었을 수도 있다.
요즘은 어떤 분야를 "좋아한다"고 생각할 때, 그게 정말 내 안에서 우러난 열정인지, 아니면 과거의 기억이나 타인의 시선에서 비롯된 것인지 스스로에게 묻는다.

공부가 어려워지고 흥미를 잃었다면, 무작정 버티는 게 능사는 아니다. 자신이 왜 이 길을 걷고 있는지, 정말 이걸 좋아하는 게 맞는지 솔

대학에서 만난 철학

직하게 마주보는 일이 더 중요하다.

"나는 이과일 거야"라는 고정관념에 갇힐 필요는 없다.

길이 너무 힘들다고 해서 곧바로 포기하는 건 좋지 않다. 하지만 "이 길이 정말 내 길이 아닐지도 모른다"는 생각이 든다면, 그것은 단순한 도피가 아니라 '잠시 멈춰야 할 순간'일 수 있다.

억지로 버티며 시간을 보내는 것보다, 멈춰 서서 자신에게 묻고, 다시 방향을 정하는 일이 훨씬 더 용기 있는 선택일 수 있다.

걸어가는 길 한가운데 멈춰 "이 길이 맞나?"라고 묻는 사람은 많지 않다. 그 자리에서 벗어나 새로운 길을 택하는 일은 두렵기 때문이다.

하지만 자신을 능동적으로 평가하고 결정할 수 있는 사람이라면, 굳이 "이 길만이 내 길"이라고 억지로 가지 않아도 된다.

오히려 자기 삶에 더 솔직해지고, 스스로 선택할 수 있을 때, 비로소 진짜 성장이 가능하다.

글쓰기 수업

대학교에서는 1학년이 반드시 수강해야 하는 필수 과목들이 있다. 기독교, 글쓰기, 기초 교양, 코딩 같은 과목들이 그렇다. 이들 중에서도 유난히 좋아하는 과목과 싫어하는 과목이 뚜렷했다.

경제학처럼 '나는 이런 과목에 약하다'는 선입견 때문에 제대로 시도조차 못 하고 미리 포기한 과목도 있었고, 기독교 수업처럼 왜 배워야 하는지 이해하지 못해 끝내 낮은 학점을 받으며 싫어하게 된 과목도 있었다.

그런데 의외로 별 기대 없이 들었다가 상상 이상으로 좋은 인상을 남긴 수업도 있었다. 바로 글쓰기 수업이었다.

이미 글쓰기 수업을 들어본 적이 있었기에, 솔직히 큰 기대는 없었다. 가벼운 마음으로 평점이 가장 높다는 교수님의 수업을 신청했다. 수업 내용보다는 교수님이 정말 좋은 분이라는 소문 하나만 듣고 고른 선택이었다.

편안한 마음으로 수업에 출석했다. 중간고사와 기말고사는 모두 대체 과제로 진행됐고, 그마저도 부담 없는 주제들이었다. 덕분에 수업을 듣는 내내 마음이 무겁지 않았다. 하지만 내가 이 수업을 진심으로 좋아하게 된 이유는 단순히 편안함 때문만은 아니었다.

보통 대학의 글쓰기 수업이라고 하면, 논문 형식이나 인용 방식, 단락 구조 같은 형식을 배우게 될 거라 생각하기 쉽다. 그런데 이 수업은 조금 달랐다.

글의 틀보다는 내용, 형식보다 진정성, 맞춤법보다 삶의 태도가 더 중요하게 다뤄졌다. 정확히 말하면, 글을 잘 쓰는 법을 배우기보다 삶을 어떻게 바라볼 것인가를 끊임없이 질문하는 수업이었다.

한 학기 동안 수업을 들으며, 내 안에 뿌리내리고 있던 부정적인 생각들이 조금씩 말랑하게 풀리는 걸 느꼈다. 글을 쓰는 시간은 곧 나를 들여다보는 시간이 되었다.

그중에서도 가장 인상 깊었던 수업이 하나 있다. 바로 '내 행동에 이름 붙이기'라는 주제였다. 처음에는 그 말이 무슨 뜻인지 잘 몰랐다. 수업에서 교수님은 누구나 한 번쯤 들어봤을 법한, 컵에 물이 반쯤 차 있는 이야기를 꺼내셨다.

처음엔 "물이 반밖에 없다고 생각하는 사람과, 반이나 남았다고 생각하는 사람의 차이"쯤으로 가볍게 여겼다. 하지만 설명은 그보다 훨씬 깊었다.

"왜 어떤 사람은 물이 부족하다고 느끼고, 어떤 사람은 충분하다고 느낄까요? 그건 주어진 감정이 아니라, 자신이 선택한 관점이에요. "

그 말이 머릿속에서 오래 맴돌았다.

관점은 선택할 수 있다. 그토록 단순한 진실을, 왜 내 삶에 적용하지 못했을까.

늘 힘든 상황을 마주하면, '왜 나만 이럴까', '왜 이렇게 안 풀리지' 같은 생각만 반복했었다. 그런 생각들도, 어쩌면 내가 무의식적으로 고른 관점이었을지 모른다.

교수님은 '계획'을 예로 들어 설명하셨다.

대부분의 사람들은 계획을 세우면 그 순간부터 그것을 반드시 지켜야 하는 약속처럼 느낀다. 하지만 계획이란, 그저 하고 싶은 일을 정리해 둔 것에 불과하다.

계획을 세우기 전이나 세운 후나, 아직 일어난 일은 아무것도 없다는 점에서는 똑같다. 그런데 우리는 자주 이 '0의 기준점'을 잘못 옮긴다. 계획의 끝, 즉 완성된 모습이 기준이 되어 버린다.

예를 들어 계획을 100이라 했을 때, 그날 70을 이루었으면 우리는 사실 70만큼 해낸 것이다.

많은 사람들은 '나머지 30을 못 했다'는 아쉬움에 집중하고, 스스로를 -30으로 평가한다. 분명 성과가 있었음에도, 자책부터 하게 된다. 정확히 말하면, 그날은 70을 완성한 날이지 마이너스의 날이 아니다.

나는 이 설명을 듣고 한동안 멍해졌다. 그동안 공부 계획을 세워 놓고 완벽하게 실행하지 못하면 스스로를 무능하다고 비난하던 내가 떠올랐다. 심지어 계획을 전혀 지키지 못한 날도 있다. 예전 같으면 '하루를 허비했다'고 여겼겠지만, 지금은 조금 다르게 생각하려고 한다.

계획표 안에서는 0일 수 있어도, 현실의 나는 분명 무언가를 하며 그 하루를 살았다. 쉬었거나, 친구를 만났거나, 멍하니 창밖을 바라보며 생각을 정리했을지도 모른다. 그건 결코 실패가 아니며, 낭비도 아니다.

'컵에 물이 반밖에 없다'는 말도 이제는 다르게 들린다. 그건 단순히 낙관과 비관의 차이를 말하는 게 아니었다. 세상을 바라보는 '틀' 자체의 문제였다.

사람의 뇌는 모든 자극을 다 받아들일 수 없기에, 스스로 익숙한 틀을 만들어 놓고 그 안에서 세상을 본다. 이 틀은 때때로 우리를 보호해 주기도 하지만, 어떤 경우에는 우리의 시야를 가두기도 한다.

더 무서운 건, 이 틀이 너무 익숙해지면 자신이 어떤 시선으로 세상을 보고 있는지도 인식하지 못한 채 그 시선을 '진실'이라고 믿게 된다는 점이다.

이를 게임에 빗대어 생각해 볼 수도 있다. 팀 게임에서 내가 다른 팀원보다 적을 덜 해치웠다고 해서, 그게 곧 내가 무능하다는 뜻은 아니다. 그저 덜 해치웠을 뿐이고, 팀에 특별한 손해를 끼친 것도 아니다.

우리는 종종 하지 못한 것에만 초점을 맞추며 자신을 평가한다. 결과는 언제나 객관적 사실처럼 보이지만, 실제로는 그 사실을 바라보는 관점에 따라 전혀 다르게 정의된다.

유난히 이루지 못한 것에 예민한 사람들이 있다. 사실, 대부분이 그렇다. 왜 그럴까?

진화의 관점에서 보면, 그 이유는 명확하다. 우리의 조상들은 무엇을 해냈는가보다 무엇을 놓쳤는가에 더 민감해야만 생존할 수 있었다. 어떤 열매를 찾는 데 성공한 날보다, 독버섯을 먹은 날이 더 치명적이었기 때문이다.

그들의 세계에서 실수를 줄이는 것은 곧 살아남는 조건이었다. 그래서 인간은 부족함, 실패, 실수에 민감하게 반응하는 뇌를 진화시켜왔다.

지금의 우리는 다르다. 훨씬 더 자유롭게 자신의 관점을 선택할 수 있는 시대를 살고 있다. 같은 상황 속에서도 어디에 초점을 맞추느냐에 따라 완전히 다른 의미가 만들어진다.

다시 게임의 예로 돌아가보자. 결과적으로 내가 팀원들보다 적을 덜 해치운 것은 사실이다. 하지만 그 사실을 어떻게 해석할 것인가는 사람마다 다르다. 나는 그저 게임을 재미로 즐겼다. 실력을 끌어올리기보다, 잠깐의 즐거움에 초점을 맞췄다.

반면 어떤 사람은 왜 자신이 적을 덜 해치웠는지를 분석하고, 다음 게임에서 더 잘하기 위해 연습한다. 한 사람은 즐거움을, 다른 사람은 성과를 선택한 것이다.

이 둘은 옳고 그름의 문제가 아니다. 방향의 차이일 뿐이다. 전자의 방식이 팀 플레이에는 다소 도움이 덜 될 수도 있지만, 그렇다고 틀렸다고 말할 수는 없다. 팀 게임을 하지 않기로 선택하는 것조차 자기 결정권 안에 있는 일이다.

이야기의 핵심은 단순하다. 관점과 초점은 결국 '선택'의 문제라는 것이다. 세상은 "이렇게 봐야 한다"고 강요하지 않는다. 우리는 늘, 스스로의 시선을 결정할 수 있는 존재다.

이 사실을 깨닫고부터 계획을 세울 때 예전처럼 강박적으로 굴지 않게 되었다.

전부 이루지 못해도 괜찮았다. 70을 했다면, 그것은 70의 하루였다. 30을 했다면, 30의 하루였다. 중요한 건 무엇을 놓쳤는가가 아니라, 그날의 내가 무엇을 했는가였다.

어제보다 더 많이 해야만 더 나은 오늘이 되는 건 아니다. 어제 하지 못했던 무언가를 오늘 새롭게 해냈다면, 그 하루는 충분히 의미 있다.

글쓰기 수업의 기말 과제는 교수님께 편지를 쓰는 것이었다. 나는 한 학기 동안 배운 내용과 감사의 마음을 진심 담아 써 내려갔다. 그 글은 어떤 과제보다도 솔직한 내 마음이었다.

지금도 가끔 교수님의 수업 자료를 다시 꺼내 본다. 그 시절의 나를 떠올리고, 그 수업이 내 안에 심어 준 작은 씨앗이 여전히 자라고 있다는 것을 느낀다.

교수님은 첫 수업 시간에 이렇게 말씀하셨다.

"이 수업이 여러분 마음속에 작은 사과나무 씨앗을 심는 시간이 되었으면 합니다."

그건 단순한 비유가 아니었다. 한 학기가 지나고 나서, 나는 정말 그 씨앗이 내 안에서 자라고 있음을 알게 되었다.

나는 이제, 언젠가 누군가의 마음에 그런 씨앗을 심을 수 있는 사람이 되고 싶다.

이 글을 빌려 교수님께 다시 한번 감사의 인사를 드리고 싶다. 당신의 수업을 들을 수 있어 참으로 영광이었습니다. 감사합니다.

나만의 공부 방법

　공부가 정말 하기 싫었던 시기가 있었다. 어렵기도 했고, 지루하기도 했다. 하지만 해야 하니까, 조금이라도 덜 싫어지는 방법을 찾으려 이것저것 시도해 봤다.

　그중에는 어느 정도 효과가 있었거나, 적어도 공부가 아주 싫지는 않게 만들어준 방법도 있었다. 이번 글에서는 그런 방법 몇 가지를 소개해 보려 한다.

　먼저 말해 두고 싶은 건, 공부법은 결국 각자에게 맞는 걸 찾아야 한다는 점이다. 사람마다 공부하는 스타일도 다르고, 집중하는 방식이나 좋아하는 과목도 다르기 때문이다.

　내가 썼던 방법들을 그대로 따라 해 봐도 좋고, 그냥 참고만 해도 괜찮다. 지금 공부가 잘 안 풀리는 누군가에게 도움이 될 수 있다면 좋겠다.

　내가 공부를 싫어했던 가장 큰 이유는, 놀 시간이 없기 때문이었다. 공부는 뭔가를 배우는 일인데도, 억지로 해야 하는 일이 되면 금세 부담스럽고 지겹게 느껴졌다.

그렇다고 '그럼 그냥 놀자'고 마음을 놓으면, 또 공부를 안 한다는 죄책감이 들고, 여전히 공부는 나를 막는 존재처럼 느껴졌다.

그래서 방향을 조금 바꿨다. 공부를 억지로 하는 게 아니라, 조금이라도 '재밌게' 해 보자는 마음이었다. 과목마다 접근 방식은 조금씩 달랐지만, 핵심은 하나였다. "내가 똑똑한 사람이라면 어떻게 공부할까?" 하는 마음으로 해 보는 것.

사람은 잘하는 걸 좋아하고, 못하는 건 피하려는 경향이 있다. 어려운 철학 책도, 한 문장 한 문장 이해하다 보면 점점 재미가 붙고, 스스로 '나 이거 좀 알 것 같은데?'라는 생각이 들면 더 알고 싶어진다.

다른 과목도 마찬가지다. '이해했다'는 감각이 생기면, 비로소 그 공부가 흥미로워진다.

국어 지문을 읽을 때는 내가 이미 다 아는 내용인 것처럼 읽었다. 그냥 눈으로 훑는 게 아니라, 소리 내어 읽으면서 "이 말은 이런 뜻이지" 하고 중얼거렸다.

혼잣말이지만 마치 친구에게 설명하듯, 또는 강의를 하듯 말하면서 읽는 식이다. 이렇게 하면 내용이 머릿속에 훨씬 잘 들어온다.

수학은 문제를 풀다가 막힐 때, 무턱대고 힌트를 보는 습관이 있었는데, 그걸 고쳤다. 처음부터 해설을 끝까지 읽고, 그걸 내 방식으로 다시 설명하며 풀어 봤다.

처음엔 거의 해설을 따라 읽는 수준이지만, 자꾸 반복하다 보면 어느새 스스로 설명할 수 있게 된다.

영어 단어나 구문은 그냥 외우는 게 아니라, 뜻을 소리 내어 말하고, 어근이나 접두사를 나눠 보면서 마치 내가 가르치는 것처럼 공부했다.

물론 이 방법들이 공부를 완전히 재밌게 만들어 주지는 않았다. 하지만 적어도 공부를 덜 싫게 만들고, 머리에 남는 정도가 달라졌다.

사람마다 잘 맞는 방법은 다르겠지만, 공부하기 싫을 때는 그 감정에 억지로 맞서기보다, 조금이라도 흥미를 붙이는 방식으로 접근해 보는 것도 방법이다. 공부는 결국 내가 하는 거고, 내가 끝까지 붙들어야 하는 일이니까.

모든 공부가 당장 성과로 이어지지는 않는다. 하지만 결과가 보이지 않는다고 해서 헛된 건 아니다. 쌓이는 시간과 노력은 결국 내실이 되고, 잠재력이 된다.

공부하는 척만 하면서 시간을 흘려보내면 정말 아깝다. 시간 낭비고, 에너지 낭비다.

그래서 나에게는 두 번째 전략이 필요했다. 바로 인풋보다 아웃풋 중심의 공부다.

이 방법은 한 강사가 소개한 방식을 나름대로 변형해 쓴 것이다. 핵심은 간단하다. 오늘 배운 건 오늘 다 꺼내 보는 것이다.

아침에 책상 위에 백지 한 장을 올려놓고 학교에 간다. 수업 시간에는 '최대한 많이 기억해 두자'는 마음으로 집중한다. 잘 이해된 부분은 키워드 정도만 메모하고, 헷갈린 부분은 조금 더 자세히 적는다.

집에 돌아오면, 그 메모를 참고해 백지에 오늘 배운 내용을 전부 적어 본다.

예를 들어 수학이라면, '이차함수'라는 말 하나만 보고 정의, 그래프, 문제 풀이까지 가능한 한 많이 끄집어낸다. 한 장에 다 못 담아도 괜찮다. 중요한 건 내 머리로 다시 말해 보는 과정이다.

기억이 안 나는 부분은 교과서를 다시 확인하고, 밤에 자기 전 한 번 더 복습한다. 그리고 다음 날 아침엔 어제 채우지 못했던 빈칸을 다시 써 본다.

매일 완벽하게 되지는 않는다. 하지만 중요한 건 꾸준히 해 보는 것이다. 이 과정을 반복하다 보면, 시험 직전에도 당황하지 않고 자연스럽게 정리할 수 있게 된다.

영어 단어는 외운 뒤 뜻까지 말해보는 식으로, 국어는 줄거리와 핵심을 요약해보는 식으로 응용했다. 처음엔 길고 복잡하지만, 나중엔 자연스럽게 핵심을 추려내는 감각이 생긴다.

이런 방식은 단지 시험을 위한 공부에만 그치지 않는다. 대학에 와서도, 혹은 나중에 사회에 나가서도 결국 필요한 건 결과물이다.

아웃풋을 내는 습관은 일찍 익혀 두는 게 좋다. 점수와 상관없이 말이다.

물론 공부 방법은 다양하다. 시간을 블록처럼 나누거나, 오전과 오후를 구분해 계획을 세우는 방식, 한 달 단위로 책 한 권을 끝내는 방법도 있다. 무엇보다도 중요한 건, 이런 모든 방법들이 '해야겠다는 마음'이 있을 때만 효과가 있다.

공부가 왜 필요한지도 모르겠고, 도무지 하기 싫은 상태라면, 아무리 좋은 공부법도 소용이 없다. 사실 나도 목적도 동기도 없이 그저 시켜서 했던 때도 있었다.

결국, 방법은 목적을 만났을 때 비로소 힘을 발휘한다.

지금 공부를 하고 있는 이유가 단지 '다들 하니까', '부모님이 시키니까'라면, 잠깐 멈춰서 스스로에게 물어보자.

"나는 왜 이걸 하고 있지?"

"이걸 조금이라도 덜 지겹게 만드는 방법은 없을까?"

고등학교 내내 나는 이 질문에 답하지 못해서 괴로웠다. 시간이 꽤 흐르고 나서야, 나만의 답을 찾을 수 있었다.

오늘 한 장의 백지, 오늘 한 번의 소리 내기, 오늘 한 줄의 요약.

작은 아웃풋이 공부를 조금 덜 어렵게 만드는 첫걸음이 될지도 모른다.

체스와 철학

올해 초부터 체스에 관심이 생겼다. 처음엔 단순한 호기심이었다.

규칙을 조금씩 익히며 체스닷컴에서 몇 판씩 두어 보곤 했다. 그러다 지난주, 친구의 권유로 체스 동아리에 게스트로 참여했다. 단순히 친구 따라 나간 자리였지만, 막상 가 보니 분위기가 진지하고 열정적이었다. 체스를 좋아하는 사람들 사이에서, 나도 모르게 마음이 끌렸다.

그날 이후, 동아리에 정식으로 가입했다. 2학년 초에는 학점에 집중하느라 취미 활동은 미뤄 두고 있었다. 하지만 학기가 지나며 여유가 생기자, 나를 위한 시간을 조금씩 만들 수 있게 되었다.

사실 체스가 처음부터 재미있었던 건 아니다. 피스의 움직임이 직관적이지 않았고, 체크메이트를 당해도 왜 졌는지조차 몰랐다. 오프닝은 수십 가지에 달했고, 어떤 수는 너무 추상적이었다. 체스닷컴에서 복기를 해 봐도 여전히 이해되지 않았다. 게임은 늘 막막했고, 때로는 답답하기까지 했다.

옆에서 지켜보던 친구가 이탈리안 오프닝을 추천해 주었다. 중앙을 통제하면서 유연하게 전개할 수 있는 전략이었다. 처음엔 단순히 피스의 위치를 외우는 기분이었지만, 게임을 반복하면서 각 포지션의 의미를 점점 이해하게 됐다.

그러자 체스판 위의 움직임이 하나의 흐름처럼 느껴졌다. 왜 이 자리에 피스를 뒀는지, 이전엔 보이지 않던 의도가 보이기 시작했다. 체스가 점점 재미있어졌다. 처음에는 낯설고 복잡하게만 느껴졌던 게임이, 조금씩 읽히기 시작했다.

그 과정을 겪으며 자연스럽게 철학 수업이 떠올랐다. 처음 철학을 접했을 때 나는 완전히 길을 잃은 기분이었다. 생소한 개념과 낯선 용어, 열정 가득한 동기들 사이에서 위축되었다. 수업은 어렵게 느껴졌고, 토론은 따라가지 못했다.

하지만 과제를 하며 글을 쓰고, 철학자의 글을 읽고 고민하면서 서서히 변화가 생겼다. 철학이 아주 좋아졌다고는 못하지만, 예전처럼 두렵지는 않다. 이해할 수 없던 문장이 마음에 남기도 했고, 점점 조금씩 뜻을 가지기 시작했다.

체스도, 철학도 나에겐 새로운 도전이었다.

둘 다 쉽게 다가갈 수 없었고, 처음엔 하기 싫었던 것이기도 했다. 하지만 익숙해지고 이해하려 노력하다 보니 점점 재미있어졌고, 그렇게 좋아지기 시작했다. 단지 '좋아해서 잘하게 된 것'이 아니라, '잘하게 되면서 좋아진 것'이었다.

나는 아직 체스도, 철학도 초보다. 하지만 이번에는 멈추지 않고 더 깊이 들어가 보고 싶다. 체스에서는 다양한 오프닝과 전술을 연구하고 퍼즐을 풀며 실력을 쌓고 싶다. 철학에서는 더 많은 철학자의 글을 읽고, 이해되지 않으면 다른 자료를 찾아 다시 읽을 것이다. 어떤 문장이든 내 마음에 닿을 때까지 붙잡아 보고 싶다.

예전에는 스스로를 '이과형 인간'이라 생각했다.

지금은 꼭 그렇게 구분할 필요가 없다고 느낀다. 나에게 중요한 건 분류보다 방향이었다. 익숙함에 안주하지 않고, 스스로를 새로운 방향으로 밀어붙이는 일 말이다.

돌아보면 체스는 피스를 움직여 세상을 읽는 훈련이었고, 철학은 생각을 움직여 나를 이해하는 과정이었다. 둘 다 나를 조금씩 변화시켰다.

이제는 편안한 곳에 머물지 않으려 한다. 익숙한 곳에 머무르면 성장하지 못한다. 이번에는 나를 '골디락스 존(Goldilocks Zone)', 즉 너무 쉽지도, 너무 어렵지도 않은, 안락한 구역에서 벗어나 조금 불편한 곳으로 밀어넣어 보려 한다.

그 불편함 속에서 배우고, 견디며 성장해 보고 싶다.

AI 시대의 공부법

요즘 대학에서는 인문사회계열 학생들에게도 코딩을 배우게 한다. 나 역시 1학년 때 기초적인 파이썬 수업을 들었고, 현재는 '인공지능과 금융공학'이라는 강의를 수강하고 있다. 이 강의는 인공지능의 작동 원리를 금융 모델링에 적용하는 내용을 다루고 있지만, 사실상 퍼셉트론이나 기본 알고리즘 정도만을 설명하는 수준이다.

그럼에도 불구하고, 1학년 때 배운 코딩보다 훨씬 더 어려운 느낌을 받았다. 기본적인 개념조차 혼란스러웠고, 기초와 응용을 구별하는 것도 어려웠다. 수업을 따라가다 보면 이해가 되지 않는 코드가 자주 등장했고, 결국 ChatGPT의 도움을 받기 시작했다.

현재 ChatGPT의 성능은 매우 뛰어나서, 내가 "이 코드를 만들어 줘"라고 말하면 프로그램 전체를 완성해 주고, 내가 붙여 넣은 코드를 분석하여 의미와 오류를 설명해 주며, 내가 의도한 목적에 맞게 코드를 수정해 준다.

이렇게 편리한 도구가 있는데, 굳이 내가 직접 코딩을 배워야 할 이유가 있을까? 대학에서 여전히 이런 수업을 개설하는 이유는 무엇일까?

AI의 발전으로 인해 많은 학생들이 과제나 학습에서 AI를 활용하고 있다. 나도 예외는 아니다. 솔직히 말하면, 몇몇 과제는 ChatGPT의 도움을 받아 완성했다. 그렇게 한 학기를 보내고 나니, 수업은 들었지만 배운 것이 남지 않았다.

AI가 대신해 주는 것들에 의존하게 되면서, 내가 스스로 이해하고 경험해야 할 부분을 놓친 것이다. AI가 많은 일을 대신해 주는 시대가 오면서, 내가 배워야 할 이유는 더 명확해진다는 것을 깨달았다.

AI는 이제 수학 문제를 더 빠르고 정확하게 풀고, 그림을 그리거나, 음악을 작곡하는 것도 인간보다 잘한다. 머지않아 대부분의 분야에서 AI가 인간을 능가할 것이다.

그럼에도 불구하고, 기업들이 여전히 사람을 고용하는 이유는 단 하나다. AI를 다루는 사람, 즉 질문하는 사람이 있어야 하기 때문이라고 생각한다.

만약 모든 일을 AI가 대신하게 된다면, 인간은 더 이상 일할 기회를 잃게 된다. 일을 하지 못하면 돈을 벌 수 없고, 돈이 없으면 생필품을 살 수도 없다.

그렇게 되면 사람들이 소비를 멈추게 되고, 결국 경제도 돌아가지 않게 된다. 그래서 인간이 사회에서 살아 있는 존재로 기능하기 위해서는, 최소한의 능력은 계속 갖추고 있어야 한다. 그 능력을 키우는 방법이 바로 배우는 일이다.

나는 코딩을 배우는 것이 단순히 '기술을 익히는 일'만은 아니라고 생각한다. 만약 우리가 AI의 코드를 이해하지 못한다면, 우리는 AI가 어떻게 작동하는지에 대한 이해 없이 그것을 맹목적으로 믿고 사용할 수밖에 없다. 이는 단순히 편리함의 차원을 넘어, 지적 종속의 시작일 수 있다.

"지식을 통제하는 자가 권력을 쥔다"는 말처럼, AI가 인간보다 더 복잡한 언어와 논리를 다루게 되었을 때, 그 원리를 이해하지 못하는 인간은 자신도 모르게 통제당하게 될 것이다.

지금 우리가 코딩을 배우는 이유는 단순히 취업을 준비하거나 스펙을 쌓기 위해서가 아니다. AI의 언어를 이해하고 그것을 인간의 언어로 다시 풀어낼 수 있는 능력을 기르기 위해서다.

AI에게 "모든 것"을 맡기면, 인간은 더 이상 생각하는 존재로서 기능하지 못할 것이다. 우리는 AI가 대신 생각하게 만드는 세상 속에서도, '왜 그렇게 작동하는가'에 대해 스스로 질문할 수 있어야 한다.

도구가 어떻게 작동하는지 이해하고, 그것을 내 학습의 도구로 삼을 수 있어야 한다. 도구를 제대로 활용하는 사람과, 도구에게 지나치게 의존하여 휘둘리는 사람은 전혀 다른 삶을 살게 될 것이다. AI가 대신 생각하는 세상일수록, 사람으로서 생각할 줄 아는 능력은 더욱 필요할 것이다.

그런 사회에서 글쓰기 능력 같은 것은 여전히 소중한 나만의 능력이

될 것이다. 우리가 기술을 넘어서, 인간 고유의 사고와 창의력을 발전
시킬 수 있는 시간이 다가오고 있다.

철학노트

#5 미래

인간은 언제나 미래를 바라보며 살아간다. 오늘의 선택은 내일의 결과로 이어지고, 그 결과가 다시 오늘의 나를 만든다.

우리는 종종 "후회하지 않으려면 어떻게 살아야 할까?"를 묻는다. 단순히 '실수하지 않는 법'을 묻는 것이 아니다. 후회하지 않으려면 어떻게 해야 하는가? 무엇이 우리의 후회 없는 미래를 만들까?

후회는 태도의 문제다. 지금 이 순간을 어떻게 대하느냐에 따라, 미래가 달라진다.

키르케고르 - 선택의 연속에서 살아가는 인간

키르케고르는 "인간은 선택하지 않을 수 없는 존재"라고 말했다. 그는 인생을 "선택의 연속"으로 보았고, 그 선택 속에서 불안을 느끼는 것이 인간의 본질이라고 했다.

"선택하라, 그리고 후회하라." 이 말은 인간이 완벽할 수 없다는 사실을 인정하라는 뜻이다. 하나의 길을 선택하면 다른 길을 포기해야 하고, 그 포기가 후회를 낳는다. 키르케고르는 그 후회를 두려워하지 말라고 했다. 후회란 살아 있다는 증거이며, 선택했다는 증거이기 때문이다.

중요한 것은 완벽한 선택이 아니라, 진심으로 선택하는 태도다. 진심으로 선택한 삶은 실패해도 후회가 덜하다.

마르쿠스 아우렐리우스 - 지금 이 순간에 머물라

로마 황제이자 스토아 철학자였던 마르쿠스 아우렐리우스는 《명상록》에서 "인간에게 주어진 시간은 오직 지금뿐"이라 했다.

미래는 아직 오지 않았고, 과거는 이미 지나갔다. 우리는 늘 '지금'이라는 좁은 문을 통해서만 미래로 걸어간다.

그는 말했다. "현재를 잘 살면, 과거가 기쁨이 되고 미래가 두려움이 되지 않는다." 후회는 언제나 '지금'을 소홀히 한 자리에서 자란다.

미래를 준비하는 가장 좋은 방법은 오늘을 진심으로 사는 일이다.

루크레티우스 - 무지를 걷어낼 때 미래의 두려움이 줄어든다

고대 로마의 루크레티우스는 《사물의 본성에 관하여》에서 인간의 두려움과 불안이 자연에 대한 무지에서 비롯된다고 보았다. 죽음, 운명, 신의 뜻을 알 수 없다고 느낄수록 마음은 흔들린다.

그는 "세계의 원리를 아는 자는 더 이상 두려움의 노예가 아니다"라고 말한다. 미래를 통제할 수 없지만 앎을 통해서는 그 미래를 두려워하지 않을 수 있다.

후회하지 않으려면, 무턱대고 걱정하는 대신 사태의 원인을 배우고 이해해야 한다. 앎은 공포를 낮추고, 이해는 현재를 살 수 있게 만든다. 오늘의 시야가 밝아질수록 내일의 그림자는 짧아진다.

하이데거 - 미래를 향해 던져진 존재

하이데거는 인간을 "미래를 향해 던져진 존재"라 했다. 우리는 과거를 회상하며 살지만, 실제로는 언제나 미래를 향해 열려 있다. 인간의 존재는 시간 속에서 펼쳐지는 가능성이다.

하이데거에게 진정한 존재란 자신이 언젠가 '죽을 존재'임을 자각한 사람이다. 죽음을 의식할 때 비로소 지금의 시간이 선명해진다. 그는 "죽음을 향한 존재"라는 말을 통해 인간이 유한한 존재임을 깨닫게 했다. 유한함의 자각은 현재를 진지하게 살도록 만든다.

미래는 언젠가 끝날 수 있다는 사실을 받아들이는 데서 출발한다. 우리가 지금의 하루를 소중히 여기는 이유도, 그것이 영원하지 않다는 사실을 알기 때문이다.

스피노자 - 모든 일에는 원인이 있다

스피노자는 "자유란 필연을 아는 것이다"라고 말했다. 인간이 자연의 법칙 속에서 살아가는 한, 모든 일에는 원인이 있고 그 원인에는 필연이 있다. 그 필연을 이해할 때, 우리는 자유로워질 수 있다.

즉, 미래를 통제할 수 없더라도 그 흐름을 이해하면 불안이 줄어든다. 미래에 대한 두려움은 알지 못함에서 비롯된다. 이해는 곧 해방이다. 스피노자의 철학은 우리에게 '지금 이 순간을 명확히 인식하는 것'이 가장 현실적인 자유라고 말한다. 미래를 두려워하지 않으려면, 지금을 명료하게 살아야 한다.

빅터 프랭클 - 인생에 부여할 의미를 찾아라

심리학자 빅터 프랭클은 의미를 강조했다. 그는 아우슈비츠 수용소에서 극한의 상황을 견디며 깨달았다. 인간은 고통을 피할 수 없지만, 그 고통 속에서도 의미를 찾을 수 있다면 살아갈 힘을 얻는다고 했다.

삶의 의미를 발견한 사람은 어떤 미래가 와도 꺾이지 않는다. 후회를 줄이는 가장 현실적인 방법은 매 순간 의미를 부여하며 사는 것이다.

결과가 어떻든, 그 순간에 내가 어떤 의미를 만들었는지가 중요하다. 의미 있는 삶은 결과보다 과정을 중시한다. 늘 시점은 미래에 가 있지 않고 현재에 와 있다. 그것이 의미를 갖고 사는 사람의 힘이다.

후회하지 않는 삶은 '지금'을 충실히 사는 삶이다. 늘 미래를 걱정하지만, 사실 미래는 현재의 연속이다. 지금을 소홀히 하면 미래는 무너지고, 지금을 충실히 살면 준비된 미래를 맞이할 수 있다.

우리는 끊임없이 '나중'을 바라본다. 더 나은 직장, 더 나은 사랑, 더 나은 내가 되기 위해 오늘을 희생한다. 철학은 우리에게 다른 답을 갖도록 묻는다.

"지금 이 순간, 진심으로 현재를 살아가고 있는가?"

미래는 아직 존재하지 않는다. 우리가 할 수 있는 것은 오늘을 어떻게 채우느냐뿐이다. 지금을 깊이 살면, 미래는 자연스럽게 형성된다. 후회하지 않는 삶은 완벽한 선택을 하는 삶이 아니라, 매 순간을 진심으로 살아내는 삶이다.

"후회하지 않으려면 어떻게 해야 할까?"라는 질문의 답은 의외로 단순하다. 지금 이 순간을 헛되이 보내지 말라. 현재의 나를 진심으로 살라.

철학자들이 반복해서 강조한 것은 미래를 예측하는 능력이 아니라, 현재를 진정으로 살아가는 능력이었다. 후회하지 않는 사람은 미래를 두려워하지 않는다. 지금이라는 시간을 놓치지 않는다.

에필로그

철학을 공부하며 가장 많이 한 질문은 "나는 누구인가?"였다. 그 물음에는 단 한 번도 명확한 답이 없었다. 대신 나를 끊임없이 흔들고 주저앉게 만들었다.

철학은 확신을 주는 학문이 아니라, 삶의 호기심과 여러 의심을 동반하여 질문을 만들어 내는 학문이다.

나는 철학을 통해 삶을 통째로 바꾸진 못했다. 다만 '어떻게 살아야 할까'라는 질문을 계속하게 되었다.

정답을 찾기보다 스스로의 기준을 만들어 가고, 그 결과에 책임지는 연습을 배우고 있다. 그것이 내가 배운 자유와 책임의 철학이었다.

돌아보면 이 책의 모든 글은 완벽하지 않다. 여전히 미숙하지만 그 불완전함 속에서 나는 계속 성장하고자 한다.

철학은 완성된 사유가 아니라, 늘 미완의 질문 속에서 피어나는 과정이다. 생각하는 법을 배우는 일, 그것이 곧 살아가는 법을 배우는 일이 아닐까.

　　　　　　　　　　　　　　대학에서 만난 철학

나는 여전히 철학의 길 위에 있다. 때로는 두렵고 막막하지만, 이제는 그 불안조차 '살아 있음의 증거'로 받아들이려 한다. 철학은 나를 현실로부터 도피시키지 않았다. 오히려 삶의 한가운데로 마주하게 했다.

철학은 내게 말한다.

"정답을 찾으려 하지 말고, 질문을 찾으라."

그 말이 오늘도 나를 공부하게 만든다.

그래서 이 글을 다 쓰고도 끝났다고 말하지 않겠다.

이건 단지 또 하나의 시작이다. 철학의 길 위에서 새로운 생활을 실천하고자 한다.

참고문헌

G. 레이코프, M. 존슨, 노양진, 나익주 옮김, 《삶으로서의 은유》, 박이정, 2006

M. 존슨, 노양진 옮김, 《마음 속의 몸》, 철학과현실사, 2000

게오르그 빌헬름 프리드리히 헤겔, 김양순 옮김, 《정신현상학》, 동서문화출판, 2011

공자, 오세진 옮김, 《논어》, 홍익, 2022

기무라 에이이치, 나종석 옮김, 《공자와 논어》, 에코리브르, 2020

김교빈, 《동양철학 에세이2》, 동녘, 2014

김교빈, 이현구, 《동양철학 에세이1》, 동녘, 2014

노자, 《도덕경》, 현암사, 2010

다니엘 에버렛, 윤영삼 옮김, 《잠들면 안돼, 거기 뱀이 있어》, 꾸리에, 2010

대림스님, 《맛지마 니까야》, 초기불전연구원, 2012

데미언 키온, 고승학 옮김, 《불교》, 교유서가, 2020

루트비히 비트겐슈타인, 이승종 옮김, 《철학적 탐구》, 아카넷, 2016

르네 데카르트, 이재환 옮김, 《성찰》, 풀빛, 2014

리처드 니스벳, 최인철 옮김, 《생각의 지도》, 김영사, 2004

리처드 슈스터만, 이혜진 옮김, 《몸의 미학》, 북코리아, 2013

마이클 바스카, 전리오 옮김, 《휴먼 프론티어》, 퍼블리온, 2022

마이클 설리번, 문정희 옮김, 《최상의 중국 예술 시서화 삼절》, 한국미술연구소, 2015

마크 존슨, 김동환, 최영호 옮김, 《몸의 의미》, 동문선, 2012

맹자, 우재호 옮김,《맹자》, 을유문화사, 2007

미학대계간행회,《미학의 역사》, 서울대학교출판부, 2007

박삼수,《쉽고 바르게 읽는 노자》, 지혜의 바다, 2016

셸리 케이건, 김후 옮김,《어떻게 동물을 헤아릴 것인가》, 안타레스, 2020

시마다 겐지, 김석근 옮김,《주자학과 양명학》, 에이케이커뮤니케이션즈, 2020

아니키우스 보이티우스, 이세운 옮김,《철학의 위안》, 필로소픽, 2014

아베로에스, 이재경 옮김,《결정적 논고》, 책세상, 2024

아우구스티누스, 김희보, 강경애 옮김,《고백록》, 동서문화출판사, 2008

아우구스티누스, 성염 옮김,《자유의지론》, 분도출판사, 1998

안토니오 다마디오, 고현석 옮김,《느끼고 아는 존재》, 흐름출판, 2021

안토니오 다마지오, 고현석 옮김,《느낌의 발견》, 아르테, 2023

안토니오 다마지오, 임지원 옮김,《스피노자의 뇌》, 사이언스 북스, 2007

에바 폰 레데커, 임보라 옮김,《삶을 위한 혁명》, 민음사, 2024

왕필, 임재우 옮김,《왕필의 노자주》, 한길사, 2005

월폴라 라훌라, 전재성 옮김,《붓다의 가르침과 팔정도》, 한국빠알리성전협회, 2005

이이, 김태완 옮김,《성학집요》, 청어람미디어, 2007

이익,《성호사설》, 한길사, 1999

이충녕,《가장 젊은 날의 철학》, 북스톤, 2024

이황, 이광호 옮김,《성학십도》, 보고사, 2023

일묵 스님,《사성제》, 불광출판사, 2020

임마누엘 칸트, 백종현 옮김,《순수이성비판1》, 아카넷, 2006

임마누엘 칸트, 백종현 옮김,《순수이성비판2》, 아카넷, 2006

자크 라캉, 권택영 옮김,《욕망 이론》, 문예출판사, 1994

장자, 이강수, 이권 옮김,《장자1》, 도서출판 길, 2005

장자, 이강수, 이권 옮김,《장자2》, 도서출판 길, 2019

장자, 이강수, 이권 옮김, 《장자3》, 도서출판 길, 2019

장자, 조수형 옮김, 《장자, 자연속에서 찾은 자유의 세계》, 풀빛, 2005

장파, 신정근 외 옮김, 《중국미학사》, 성균관대학교출판부, 2019

정약용, 장승희, 《목민심서, 마음으로 읽는 다산 정신》, 풀빛, 2005

조민환, 《동양 예술미학 산책》, 성균관대학교출판부. 2018

존 H. 힉, 황필호 옮김, 《종교철학개론》, 종로서적, 1993

존 페리, 김태량 옮김, 《개인의 동일성과 불멸성에 관한 대화》, 필로소픽, 2022

존 페리, 김태량 옮김, 《개인의 동일성과 불멸성에 관한 대화》, 필로소픽, 2022

주희, 성원경 옮김, 《신완역 근사록》, 명문당, 2004

중국철학연구회, 《논쟁으로 보는 중국철학》, 예문서원, 1994

증자, 자사, 박삼수 옮김, 《대학·중용》, 문예출판사, 2023

최훈, 《동물 윤리 대논쟁》, 사월의책, 2019

최훈, 《철학자의 식탁에서 고기가 사라진 이유》, 사월의책, 2012

카린 라이, 심의용 옮김, 《케임브리지 중국철학 입문》, 유유, 2018

칼 뉴포트, 김준수 옮김, 《열정의 배신》, 부키, 2019

캔터베리의 안셀무스, 박승찬 옮김, 《프로슬로기온》, 아카넷, 2012

크리스틴 포래스, 정태영 옮김, 《무례함의 비용》, 흐름출판, 2018

파스칼 메르시어, 문항심 옮김, 《삶의 격》, 은행나무, 2014

프리드리히 니체, 《니체 인생수업 : 니체가 세상에 남긴 66가지 인생지혜》,
하이스트, 2024

프리드리히 니체, 장희창 옮김, 《차라투스트라는 이렇게 말했다》, 민음사, 2004

플라톤, 박문재 옮김, 《플라톤 국가》, 현대지성, 2023

플라톤, 황문수 옮김, 《소크라테스의 변명》, 문예출판사, 1999

피터 싱어, 김성한 옮김, 《동물 해방》, 연암서가, 2012

피터 싱어, 짐 메이슨, 함규진 옮김, 《죽음의 밥상》, 산책자, 2008

하야마 아마리, 장은주 옮김, 《스물아홉 생일, 1년 후 죽기로 결심했다》,
위즈덤하우스, 2012
홍자성, 김성중 옮김, 《채근담》, 홍익, 2022
황지원, 《중국회화의 기운론》, 계명대학교출판부, 2006
흄, 김혜숙 옮김, 《인간의 이해력에 관한 탐구》, 지만지, 2012

대학에서 만난 철학

ⓒ 오세찬, 2025

초판 1쇄 발행 2025년 11월 24일

지은이   오세찬
펴낸이   권지현
펴낸곳   이음과펼침
책임편집 이음과펼침 편집부
출판등록 2025년 7월 21일 제2025-000129호
주소   서울시 서초구 양재동 392-3, 202B
이메일   connectnbloom@gmail.com
원고투고 connectnbloom@gmail.com
홈페이지 www.connectnbloom.com

ISBN   979-11-995504-6-9 (03190)